주식 그리는 남자 성투사의

STOCK COMICS

내가 주식투자를 처음 시작할 때 가장 곤란했던 것이 낯설기만 한 경제용어였다. 생전 처음 보는 용어와 영어인 듯 영어 아닌 영어 같은 그런 용어들을 이해하려고 몇날 며칠을 경제사전과 씨름하며 보냈던 것 같다. 나중에는 공부했던 경제용어들만 학습 노트로 몇 권은 나올 정도였으니 얼마나 많은 공부가 필요했는지 짐작이 가고도 남을 것이다.

그런데 정말 절망스러웠던 것은 그렇게 배웠던 경제용어들이 별로 중요하지 않았다는 것이다. 주식투자는 그저 사고팔기만 잘해도 된다는 것을 일찍 알았더라면 시간 낭비 같은 그런 공부는 하지 않았을 텐데 말이다.

처음 증권사에서 근무를 시작하며 리먼사태 같은 금융위기와 유럽의 디폴트, 미중무역분쟁, 코로나와 같은 굵직한 사건들 속에서도 고객의 투자금을 지키고 꾸준히 수익을 불려 나갈 수 있었던 것은 쉽고 간단하게 이해하는 연습을 많이 해서였던 것 같다. 누가 듣더라도 이해하고 쉽게 따라할 수 있는 쉬운 주식투자. 나는 그것을 너무나 격하게 선호한다.

세상에는 투자비법과 같은 책들이 넘쳐 나지만 이 책과 같은 주식책은 없다는 것을 확신한다. 이 책에는 주식투자에 필요한 모든 것을 담아 두었지만 결코 비법이나 어려운 계산공식은 없다. 차트를 보는 방법도, 기업의 가치를 분석하는 방법도 다루지 않았다. 오로지 싸게 사서 비싸게 파는 방법만을 여러 가지 상황에 빗대어서 표현하려고 노력하였다.

라이브 방송을 하다 보면 어려운 뉴스공시나 이해하기 어려운 뉴스 때문에 애를 먹는 투자자들을 많이 만나게 되는데, 그런 분들에게 이 책을 권하고 싶다. 단순하게 캔들이나 뉴스, 공시와 같은 재료분석이 아니라 주식투자를 하는 진짜 기본기를 알려 주고 싶기 때문이다.

주식투자의 90%는 심리에서 비롯된다고 한다. 내가 주식투자를 해오면서 기업분석이나 기술적분석에만 의존했다면 결코 지금까지 꾸준하게 누적수익을 쌓아 오지 못했을 것이다. 이 즈음에서는 다른 투자자들이, 다른 수급주체들이 어떠한 반응을 보일 것 같다라는 판단을 내리게 하는 것이 이 책의 주요한 목적이다.

세상에서 아무도 가르쳐 주지 않았고 배울 수도 없었기 때문에 오로지 깡통을 차 가면서 비싼 수업료를 내고 몸으로 배워야만 했던 주식투자의 경험을 이 책에서 배워 보기를 바란다.

이 책을 읽는 방법은 간단하다. 재미있게 웃으면서 읽고 이해하면 된다. 주식투자로 돈을 버는 방법은 싸게 사서 비싸게 파는 것이라는 간단한 이치처럼 말이다.

저점천국·고점지옥
성공투자를 진심으로
기원합니다
2023년 성투사

목차

주린이 생존 대작전 1

주린이 생존 대작전 2

주린이 생존 대작전 3

적립식 투자

서당개의 주식투자

뭐라 씨부리노~

멍멍 ~ 알려준다

내가 처음 왔을때 아빠는 방송을 하고 있었어요

고점지옥 저점천국
목표 : 살아남기

아빠가 방송을 하고 있을때는
저도 방송을 듣고 차트를 봤어요

맛 !!
이것은 !!

처음에는 무슨말인지 잘 몰랐는데
어느날 갑자기 느낌이 왔어요!

방송 마치겠습니다
수고하셨어요~

야호~

저 말이 들리면 곧
저랑 산책간다는 거예요

좋은 주식은 그냥 놔둬도 알아서 오른대요
그러니까 그냥 놀아도 되겠죠?

멍멍~ 이런 건 나도 안 물어 가겠다

주식에 투자하는 이유는 수익을 내기 위해서다.

당연한 말이지만 매수가보다 높은 가격에서 팔아야 수익도 발생한다.

그런데 가격이 싼 주식은 개도 물어 가지 않을 만큼 인기가 없고 많이 오른

주식들만 사람들이 쳐다보고 인기가 있다.

인기 있는 주식을 매수한 사람들의 수익률은 어땠을까?

당신이 매수했던 주식은 수익인가? 손실인가?

공감댓글

★ 단풍이가 안 물어가니 제가 물어 가겠습니다

★ 개도 물어 가지 않는 걸 사람이 물어 가면 되겠어요?^^ㅋㅋㅋ

 개도 안 물어 가는 주식을 사야 대박…, (킹정하는 부분!!)

앗~ 이 산이 아닌가벼~

앞사람만 보고 따라가다 보면 엉뚱한 곳으로 가게 될 때가 있다.

내가 가고자 하는 곳이 어디인지 정확하게 아는 것은 투자자에게 가장 중요한 조건이다.

주식투자를 할 때 가장 많이 하는 실수가 매수가 몰려서 급등 중인 주식을 아무런 경계심 없이 매수하는 것인데 이런 것만 조심해도 당신이 손실을 볼 확률은 크게 줄어든다.

공감댓글

★ 성투사님 게시글만 봐도 거지꼴 면한다

★ 이정표를 잘 보고 가야지, 길없음으로 가면 힘들어요~^^

길이 아니면 가지 말라고 했다.

살찐 돼지는 도축장으로 끌려간다

돼지가 살이 찌면 도축장으로 향하게 된다.
주식도 많이 오르게 되면 결국 매도가 나올 수밖에 없다.
싸게 매수한 사람들은 차익실현을 하고 싶기 때문이다.

많이 오른 주식은 누구나 알 수 있다.
쳐다보기만 해도 배가 아파 오거나 지금이라도 사야 할까?라는 고민이 든다
면 당신은 그 주식을 매수하면 절대로 안 된다.

공감댓글

★ 살찐 돼지를 도살해야 하는지… 몇 마리 없는데

★ 살찐 돼지는 진즉에 잡아먹었죠

 나의 배둘레햄도 그래서 위험한 것인가?

쫄리면 손절하든가~

배팅은 믿을 만할 때, 정말 신뢰할 수 있을 때 하는 것이다.
확신이 서지 않는다면 올인하지 마라.
그리고 확신할 수 있다면 손절은 없다.

확실하다고 생각한 주식도 타짜(세력)에게 걸리면 개인들이 견디기 힘들 정도로 변동성에 시달리게 된다. 그럴 때를 대비하여 초반대응은 항상 적은 비중으로 접근해야 할 것이다.

공감댓글

★ 성투사님~ 저에게 잡주를 주신 건가요? ㅋㅋㅋㅋㅋ

★ 성투사님 너무 잘생김ㅎㅎ

패를 까볼까나? 따라라♬~ 따라라라~~♪
(손에 쥔 패는 무엇일까요?)

흔들릴수록 더 꽉 붙잡아야 한다

출렁다리가 흔들거려서 위험하다면 더욱 꽉 붙잡게 된다.

주식도 마찬가지다.

온갖 악재와 속임수에 흔들거린다면 더욱 꽉 붙잡아라.

그러면 결국 무사히 목적지에 도착하게 될 것이다.

공감댓글

★ 살려 주세요~ 성투사님은 수호천사~

★ 줄 꽉 잡으세요. 그러면 출렁거리는 게 오히려 재미나요

 출렁~ 출렁~ 뱃살만큼 출렁이면 단디 잡고 가야죠.

주도주였던 것들이 내려온다

옛날에는 호환과 마마가 가장 무서운 재앙이라고 다들 무서워했다.
그만큼 산에서 내려오는 호랑이는 모든 이들에게 공포의 대상이었다.

한때 주도주라고 불렸던 주식들이 내려올 때는 산에서 내려오는 호랑이와 같
이 무서운 기세가 된다. 고점에서 내려오는 주도주였던 것들은 무조건 피하
기 바란다.

공감댓글
★ ㅋㅋ 전래동화 버전 어젯밤에 울 아들 책 읽어 줬는데… 무섭다며~
★ 호랑이는 절대 곶감으로 방어해야죠

범이 내려오면 무서우니 곶감뒤로 얼른 피하세요.

고평가 깎으러 간드아

정원에 잡초가 자라듯이 불쑥불쑥 튀어 올라온 주식들은 단기간의 상승으로 고평가라는 타이틀을 얻게 된다.

그러면 싼 가격에 보유했던 세력들이 나타나 웃자란 주식들을 깨끗하게 비워 낸다. 위에 있던 개미들은? 당연히 다 죽었지….

모난돌이 정을 맞는 것처럼 평소와 다르게 튀어 오르는 주식들은 경계해야 한다. 보유 중이라면 매도시점을 관찰하고 가지고 있지 않다면 그냥 신경을 끄자.

공감댓글

★ 형, 저 그림에 제 초상화 들어가 있는데요?
　오른쪽 위에 두 번째 개미가 저인 거 같아요

 깨끗하게 밀어드립니다~~

내가 사색을 즐길 때 누군가는 사색이 되어 간다

화장실 안과 밖의 입장 차이는 분명하다.
안쪽에 있는 사람은 즐거운 마음으로 사색을 즐기지만 바깥에 있는 사람은
배를 움켜쥐고 사색이 되어 간다.

여유자금으로 주식투자를 해야 하는 이유는 여기에 있다.
시장이 어떻든 여유자금으로 투자한 당신은 지금 편안하다.

공감댓글

★ 사색이 이런 뜻이었네요 ㅎㅎ
★ 잘 배우고 갑니다 꾸벅!

당신은 지금 어디에 서 있는가?

기준 없는 껄무새는 멈춰~

껄무새 : "~~할껄" 등과 같은 말을 반복하는 사람을 말하는 신조어

해결할 수 없는 일을 걱정하는 것이 가장 미련한 행동이다.
그 부분이 실수였다고 생각된다면 아쉬워하지 말고 다음에는 절대 실수하지
않도록 주의하는 것이 좋다.

그리고 실수를 하지 않는 좋은 방법은 명확한 기준을 세워두는 것이다.

공감댓글
★ 성투사님 배신하지 말걸~ 후회하지 말자^^
★ ㅋㅋ 지금 팔껄, 살껄 하고 있었는데…

 할껄, 말껄, 그럴껄, 저럴껄~~ 껄무새 멈춰~

많이 오르면 공매도 타겟!!

공매도는 주가가 하락할 때 수익을 보는 투자의 방법이다.

주가가 하락할 것으로 생각되는 주식을 남에게 빌려서 파는 것이라 공매도라고 한다. 그렇기 때문에 공매도의 타겟이 되는 주식들은 주가가 크게 하락하는 일이 많다.

그렇다면 생각해 보자.

오르지 못한 주식이 공매도의 타겟이 되겠는가?

아니면 많이 올라간 주식이 공매도의 타겟이 되겠는가?

공감댓글

★ 기관총 ㅋㅋ

★ 그러네~ 기관놈들이 두다다다다~~~ㅋㅋ

많이 올랐다 싶으면 대차잔고, 공매도 필수 체크!!

터무니없다면 의심하자!!

어느 날 무뚝뚝하던 남편이 꽃다발을 사와서 아내의 귓가에 "사랑해"라고 말한다면? 기분 좋은 신혼이 있을지 모르겠지만 대부분은 "이 사람이 왜 이래? 뭐 잘못 먹었어?"라고 어색해할 것이다.

그럴 때는 식탁으로 불러 앉히고 물어보아라. "돈 문제냐? 여자 문제냐? 무슨 사고를 쳤니?"

늘 하던 행동이 아니라면 의심하라. 반드시 이유가 있다.

공감댓글
★ 악~~~ 깨꼬닥! 사랑했건만, 배신을 때리다니
★ ㅋㅋ 달콤한 말은 믿지 마라~

 말이 안 되는 소리를 하면 일단 의.심.하.라
(그는 혼자 돌아왔다… ㅠ.ㅠ)

악재

소문에 사고 뉴스에 팔라는 유명한 투자격언이 있다.
뉴스는 많은 사람들이 보고 정보를 얻는 매체이다.
그리고 그것을 악용하는 사례가 분명히 존재한다.

모두가 알고 있다면 그것은 더 이상 유용한 정보가 아닐 수 있다.
뉴스를 보고 매수하고 있다면 당신은 누군가의 호갱님이 될 확률 58,000%다.

공감댓글

★ 중구 : 갈 땐 가더라도 주도주 하나 정도는 괜찮잖아?

악재 때마다 걱정할 주식을 사겠는가?

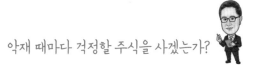

이쯤 되면 중독입니다

도박중독처럼 무서운 것이 시세중독이다.

매일매일 주식을 팔고 사야 하고 매일매일 HTS를 쳐다봐야 마음이 안정된다면 당신은 이미 시세중독에 빠졌을 가능성이 높다.

그럴 때는 잠깐 쉬면서 주변을 돌아보아라.

쉬는 것도 투자다.

당신은 행복해지기 위해 투자를 하는 것인데 시세중독 때문에 불행해지고 있지는 않은가?

공감댓글

★ ㅋㅋㅋ 불안정한 바이탈도 회복? 시킨다는~

★ 콘텐츠 맛집이네요~ 여기 중독되게 생겼어요

 중독자는 죽어서도 소문 들으면 부활한다~ ㄷㄷㄷ

물타기를 하면 과연 가벼워질까?

물타기를 하면 문제가 해결될 것이라 믿는 사람이 많다.

처음 매수한 가격보다 싸게 매수하는 것이니 매수평균단가가 내려가서 위안
도 얻는다. 그런데 당신은 더 많은 돈을 하락하고 있는 주식에 투자했다는 사
실을 잊어서는 안 된다.

이제 당신의 주식은 물타기를 통해서 더욱 무거운 비중을 가지게 되었다.

그런 상황에서 주식이 더 하락하게 된다면?

공감댓글

★ ㅎㅎ 물 많이 타면 맹물 돼서 맛없어요 ㅋㅋㅋ

★ 매번 들키네요 ㅋㅋ

물타기 한다고 꾀부리지 맙시다~

드디어 찾아낸 절대비법

주식투자에는 수없이 많은 비법과 조언들이 존재한다.
하지만 투자자가 갖추어야 할 절대적인 비법은 다름 아닌 주변의 모든 소음을 차단하여 객관성을 유지하는 것이다.

눈으로, 귀로, 입으로 너무 많은 가짜 정보들이 범람한다.

공감댓글

★ 주식세계도 득도가 필요하군요^^

★ 득도남 성투사~~!!

★ 앗싸 쓰리고!!!! : 입막고, 귀막고, 눈가리고

★ 쓰리고니까 묻고 따블로 가는 건가요?

 최고가 될 수 있는 절대비법! 다 막아!!

당신의 계좌가 아직도 추운 이유

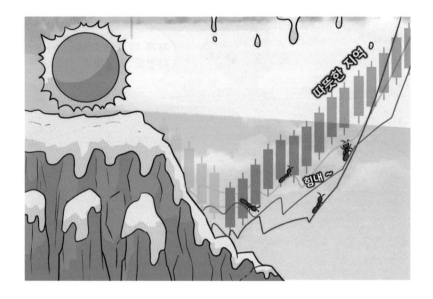

겨울에서 봄으로 넘어가는 시기에는 해가 비추는 곳의 눈은 다 녹았지만 해가 비추지 못하는 그늘진 곳은 아직 얼음이 얼어 있는 경우가 많다. 시일이 더 흘러 주변의 기온이 올라가면 그늘진 곳의 얼음이 비로소 녹게 된다.

주식도 마찬가지로 오르는 시기가 있으면 내리는 시기가 있다.
주식이 오르면 따뜻하겠지만 내리는 시기에는 추운 것이 당연하다.
기다려라. 지금까지 내렸다면 이제 오르는 시기가 올 것이고 계좌도 따뜻해질 것이다.

공감댓글
★ 살아만 있으면 성투사님이 살려 준다^^
★ 아이~~ 십팔색 조카 크레파스 언제 사주나, 너무 춥다

그늘진 곳은 봄이 오더라도 추울 수밖에~

어? 저게 더 커 보이네?

좋은 주식을 들고 있음에도 만족하지 못하는 이유는 더 빠르고 강하게 상승하는 다른 주식이 눈에 들어오기 때문이다.

생각 같아서는 지금 가지고 있는 주식을 팔아서 급등주를 사고 싶겠지만 당신이 발견한 급등주는 이미 많이 올라서 내려갈 일만 남았고, 당신이 팔아먹은 좋은 주식은 이제부터 올라갈 일만 남았을 것이다.

내가 가진 좋은 주식이 실력발휘를 할 때까지 믿고 기다려 주는 것이 좋은 투자다.

공감댓글

★ 단풍아 니가 물고 있는 우량주 나 주라~~ 쫌 올리도~~

★ 내꺼만 빼고 다 … 욕심

 단풍아~~ 그러는 거 아니야~~

지나간 버스에 목숨 걸지 마세요

이걸 지금 매수하지 못하면 큰일 날 것 같은 생각에 사로잡힐 때가 있다. 그 런데 결과적으로 매수하지 않더라도 큰일은 생기지 않는다.

어머니는 마트에서 물건이 매진되면 나중에 사도 된다면서 항상 이렇게 말씀 하셨다. "물건이 없냐? 돈이 없지."

무리해서 쫓아가지 말자. 당신에게 돈이 있다면 더 좋은 기회가 바로 뒤따라 올 것이다. 살 주식이 없나? 돈이 없지.

공감댓글
★ 뒤를 봐~ 더 멋진 일이 생길 거야
★ 헉 매일 아침마다 버스 올라타려던 제 마음을 어찌 아시고 ㅋㅋ

버스 타려고 뛰지 마세요~ 벤츠 타야죠~

기회는 공포로 포장되어 있다

놀이동산의 롤러코스터는 바라보는 입장에서 매우 무섭다.

그런데 롤러코스터를 한 번이라도 타 본 사람은 그 짜릿한 재미를 잊을 수 없을 것이다.

주식투자를 하다 보면 말도 안 되는 급락이 나올 때가 있다. 정말 세상이 끝나고 모두가 망해 버릴 것 같은 그런 시기에는 모든 사람들이 공포에 물들고 투자를 포기하게 된다.

그럴 때는 조용히 주식을 매수해라. 기회를 담은 상자는 항상 공포로 포장되어 있다. 자신 있게 포장지를 뜯어내라.

공감댓글

★ 쫄리면 다음에 들어가자~ 거기 박쥐도 나온다 ㅠ.ㅠ

★ 이불 뒤집어 쓰고, 참아야~~ 하느니라

겁먹는 순간 기회는 도망간다

고수와 하수의 차이

고수와 하수는 종이 한 장 차이지만 상황을 보고 해결하는 능력은 천지 차이다.

강하게 급등하고 있는 주식을 어떻게 사야 할지 고민하지 말고 바닥에 그득한 월척의 대박주를 매수하는 것은 어떨까?

공감댓글

★ 자~ 떠나자 고래 잡으러어~ 투망은 포항 앞바다에 하겠습니다

★ 바닥에 월척이 넘치는데 머니머니가 없네요 ㅋㅋㅋ

바닥에 월척이 저리 많은데 왜 사서 고생을 하는가?

똑같은 세일인데... 왜?

쇼핑센터를 가면 큰 폭으로 할인하는 상품들이 있다.

그걸 보고 있으면 꼭 필요하지 않아도 사고 싶은 생각이 들어 내 지갑에 얼마가 있는지 가만히 생각하게 된다.

하지만 주식투자를 하는 사람들은 적정가치보다 절반 이상 가격이 하락한 주식이 있어도 이상하게 거들떠보지 않고 오히려 내다 팔 생각만 하고 있다.

공감댓글

★ 아는 사람만 사는 것 같아요

★ 알려 줘도 쳐다보지도 않아요 ㅎㅎ

 싼데 왜 안 사요???

모든 공을 다 쳐야 할 필요는 없다

투수가 던지는 공을 모두 다 받아치려고 하는 타자는 금방 아웃되고 말 것이다. 내가 자신 있는 코스로 공이 올 때까지 기다려서 받아쳐야 홈런이든 안타든 만들 수 있다.

주식도 조급한 마음에 아무거나 닥치는 대로 매수하다 보면 가진 돈도 없어지고 매수한 종목은 손실이 커져서 결국 손절매도를 하게 된다. 정말 오를 수 있다고 판단되는 상태의 주식에게 방망이를 휘둘러 보기 바란다.

공감댓글
★ 땅볼(지하로 내려가는 종목), 뜬볼(고평가종목) 좀 치지 말즈아
　스트라이크존(바닥잡고 골든크로스) 기다리즈아~
★ 하체가 부실하잖아!! 중심을 잡으라고 ㅋ

서두르지 마라! 조건에 딱 맞는 것을 고르는 것이 진짜 성공의 비결

그들의 공통점 - 이번에는 다르다

카지노에 가면 화려한 슬롯머신과 게임테이블에 앉아 있는 사람들이 많다.
그런데 카지노의 외부를 둘러본 적이 있는가?
가진 돈을 모두 탕진하고도 미련 때문에 그 앞을 서성이는 사람들 역시 많이
있다.
지금 카지노를 즐기는 사람들은 그들과는 다르다는 생각으로 슬롯머신을 땡
긴다. 하지만 그들 역시 조만간 게임장 밖으로 쫓겨나는 신세가 될 것이다.
나는 다르다, 이번에는 다르다라는 생각은 정말 위험한 생각이다.

공감댓글

★ 몰빵이 대세야~~? 그럼 나는 다른 데로 가야지 ㅋㅋ

★ ㅋㅋ 확실하면 고점

 응~ 아니야~~ 탐욕의 결과는 항상 똑같아~~

나쁜 건 피하라

주식은 어느 날 갑자기 대형악재를 동반하여 무섭게 하락하기도 한다. 그럴때 하락의 타깃이 되는 주식들은 공매도 잔량이 많거나 적정가치보다 많이올라온 고평가 주식이거나 신용과 미수가 과다하게 관여한 주식들이다.

좋은 주식이란 위험에서 나를 안전하게 지켜 주고 꾸준하게 성장하는 주식이다.

주식은 투자다. 투기가 아니므로 위험하게 할 필요가 없는 것이다.

공감댓글
★ 성투사님 우산 속에 있는 주린이는 마음이 편안합니다
★ 우산 속에 저 있어요. 해피송이~ 조기조기 빨간 티셔츠 ㅋㅋㅋ

나쁜 것만 피해도 살 만해요~

심청이의 후회

심청이도 주식투자를 했었다면 아버지의 눈도 뜨게 해 주고 공양미 300석의 빚도 빨리 갚아 버리고 싶었을 것이다.

문제는 여기서 시작된다. 시간을 두고 천천히 달성해야 할 것들을 빠른 시간에 재촉하듯 서두르다 보면 과하게 많은 금액을 쏟아붓거나, 빚을 내거나, 레버리지를 걸어서 뻥튀기하려고 한다.
그리고 나의 투자금이 정말 빛의 속도로 사라지는 경험을 하게 될 것이다.

공감댓글
★ 심청이~ 또 그럴 거야? 한 번으로 족해, 알제?@@
★ 재는 한 번 더 그럴 수가 없는거 아녀요? ㅋㅋㅋ

 좋은 주식으로 정석투자했으면
공양미를 일시불 결제하고 팔려가지 않았을 건데….

잔치가 끝나면… 남은 건?

잔치가 시작되기 전에 자리를 잡고 앉은 사람들은 음식이 나올 때까지 지루할 것이다. 하지만 그 지루함을 견디고 나면 누구보다 신선한 음식을 가장 먼저 맛볼 수 있다 또한 음식의 양도 넉넉하므로 배부르게 먹을 수도 있다.

그런데 잔치가 끝난 다음에 들어가는 사람은 어떨까? 맛있는 음식은 이미 다른 사람들이 다 먹어치워서 없을 것이고 겨우 구석에 자리잡고 앉아서 남은 음식이라도 먹으려고 할 때 주인장이 와서 이렇게 말할 것이다.
"다 드셨으면 와서 설거지 좀 도와주세요."

공감댓글
★ 호구 왔는감~
★ 성투사님 방송 조금만 들어도 바닥과 상투는 알 수 있다

잔치가 끝난집에는 절대로 가지 마라~

성급한 신데렐라

마차를 타고 가서 왕자님을 만나면 신데렐라의 인생은 정말 술술 잘 풀릴 것이다. 그런데 신데렐라는 지금 그런 기회를 열어 준 마법사 이모의 황금마차를 거부한다. "마차 같은 거 말고 상한가 주식이나 주세요!!"

단번에 얻을 수 있는 대박의 수익은 없다.

일단 매수하고 목표가격이 올 때까지 기다린 사람에게만 열 배든 백 배든 수익이 생기는 것이다.

그러니 지금 바로 마차에 올라타라.

공감댓글

★ 마차 말고 테슬라 타고 상한가로~~ 헤헤헤

★ 하긴 테슬라도 친환경이라서 괜찮을지도? ㅎㅎ

 기적도 기다려야 하거늘~ 대박주식은 더 오래 걸려~

기회는 가장 혐오스러운 모습으로 나타난다

소녀는 요즘 자신을 행복하게 해 줄 백마 탄 왕자님을 기다리고 있다. 그런데
왠 개구리가 다가와서 자신에게 키스를 해 달라고 한다.
"정말 짜증나, 왕자님은 안 오고 빌어먹을 개구리가 지랄이야~"

기회는 절대 본모습을 보여 주지 않는다. 기회의 본모습은 기회를 잡을 사람이
알아차려야 하는 것이다. 바쁘고 귀찮겠지만 진심을 다해서 기업분석과 차트
분석을 열심히 하라. 혐오스러운 모습을 하고 있는 대박주식이 보일 것이다.

공감댓글

★ 앗 ㅋㅋ 세상 귀여운 개구리인데 왜 못생겼다고 하는 거예요

★ 황제한테 단타빠꾸 금지! 키스해 주세요~ 앞니빨이 똑 부러지도록

★ ㅋㅋ 개구리는 이빨이 없는 대신 긴 혀가 있…

잘생겨 보이는 기회는 없다는 사실!!

성투 가라사대

성투 가라사대

몰빵하지 말고, 빚투하지 말고, 잦은 매매를 금지하라.
이것이 주린이들이 시장에서 살아남을 유일한 방법이니라.

하지 말라는 것만 안 해도 시장에서 오랫동안 살아남을 수 있다.
그리고 살아남은 사람에게는 큰 수익의 보상이 거짓말처럼 따라온다.

공감댓글

★ 성느님~~ 항상 바른길로 인도해 주셔서 감사합니다
★ 고점지옥! 저점천국! 밋싸옵니다~~

 살려는 드립니다~ 살아서 은총을 받읍시다~

언제나 만우절

비밀정보를 듣고 가슴이 설레였던 적이 있었나? 너에게만 알려 줄게라는 말은 지금까지 너만 몰랐던 이야기를 해 줄게라고 해석해야 한다.

그들은 매일매일이 만우절이다.
그리고 오늘도 많은 사람들이 속아 넘어간다.
당신은 국가의 중요한 행사에 초대되어 갈 정도로 특별하고 중요한 사람이 아니다. 그냥 평범하고도 평범한 보통 사람인 당신까지도 알게 되는 정보는 과연 어느 정도의 가치를 가지고 있을까?

공감댓글

★ 형은 거짓말 안 하것쥬???
★ 이건 비밀인데 어쩌구 저쩌구 ㅎㅎㅎ 너나 사세요~

언제나 만우절인 그놈들을 조심하라!!!

한밤의 구조작업

세상에서 제일 재미있는 구경이 불구경과 싸움구경이라고 한다.

그런데 그 당사자가 된다면?

아마도 세상에서 제일 끔찍한 경험이 될 것이고 재미도 없을 것이다.

사고는 위험한 곳에서 발생한다.

안전한 곳에 있다 보면 누군가에게는 가장 끔찍하겠지만 당신은 가장 재미있는 구경을 할 수 있게 될 것이다.

"휴~ 큰일날 뻔했어"라고 안심하면서 말이다.

공감댓글

★ 아~ 소름 끼치는데요. 저도 주린이라 충동으로 고층매수합니다

★ 91층에 사람 있어유~ 성투사님 살려 주세요

그러게 왜 높은 데 올라가고 그래요~~???

애미야~ 이자가 짜다~

어머니는 항상 말씀하신다.

"야~ 주식하지 말고 적금 부어. 주식은 원금손실이 있어서 위험해."

하지만 내가 보기에 적금은 세상에서 가장 위험한 재테크다. 인플레이션도 따라잡지 못하는 금리가 어떻게 원금을 지켜 준다는 말인가? 차라리 10년을 묵혀 둔다 생각하고 고배당주를 적금처럼 매수하자. 10년 동안 은행이자보다 높은 배당을 받게 되는 것은 물론이고 10년간 주가상승으로 얻게 되는 원금의 증식은 당신의 인생과 노후를 바꿔 줄 것이다.

물론 10년 동안 여전히 적금처럼 매수하는 사람은 거의 없을 것이다.

그것이 우리가 돈을 벌지 못했던 수많은 이유 중에 하나이다.

공감댓글

★ 80대 여성이 수익률 1등이라죠? 저도 기대해 볼게요!^^

애미야~ 원금보장이 좋은 거 아니야~~

잘 지내느냐는 친구의 말에...

"요즘 어떻게 지내?"라는 광고가 유행한 적이 있었다.
그럴 때 좋은 자동차를 보여 주면 달리 무슨 말이 필요하겠는가?

오랜만에 만난 친구가 요즘 주식은 잘되냐고 물었을 때 손실은 안 보고 있다
고 대답하는 건 어떨까? 친구는 이렇게 말할 것이다.
"이야~ 돈 좀 벌었겠네? 오늘은 니가 쏴~"
그래 돈도 벌었는데 소고기 한번 사주면 뭐 어떻겠는가?

공감댓글
★ 어제 친구 만났는데 단타하더라구요~
★ 친구들에게 전화 좀 넣어야겠어요~ 요즘 어떻게 지내냐구^^

 성공이 별거냐~ 안 털리면 그게 성공이지!!

그걸 꼭 해 봐야 알겠는가?

철수는 정말 독약을 먹으면 사람이 죽게 되는지 너무 궁금했다.

호기심을 이기지 못하고 독약을 먹은 후 죽어 가면서 철수는 이렇게 중얼거 린다.

"독약은… 먹으면… 죽는구나…."

하지 말라고 하는 것은 다 이유가 있다. 그래도 꼭 해 보고 싶다면 손해 볼 것 을 각오해야 한다. 하지 말라는 것을 하고 나서 손해 봤다고 투덜거리는 건 아무런 동정도 받지 못한다. "거~ 왜 하지 말라는 거를 해서는~"

공감댓글

★ 먹지 말라는데 꼭 손대 보는 사람들이 있죠!!

★ 유주얼서스펙트 스포를 여기서도 ㅋㅋㅋ

그니까 그거를 왜 꼭 몸소 체험을 하시냐고요~

게거품 물지 마라, 아무도 안 믿는다

게가 물이 아닌 산에서 살아야겠다고 게거품을 물고 소리친다면 대부분의 게들은 뭐 저런 바보가 있느냐면서 아는 척도 안 할 것이다.
그런데 놀라운 것은 아침부터 떠들던 게가 산으로 떠날 때 수십마리의 다른 게들과 함께 산으로 떠났다는 것이다.

아무도 믿지 않을 것 같았던 그 이야기에 속는 사람이 있다.
바로 증권사 리포트를 보고 설레했던 어제의 당신처럼….

공감댓글
★ 게가 산에 가야 한다니… 이런 게 같은!!
★ 흥~! 아무리 게거품 물어 봐라. 내가 호구봉에 또 가나~~

말도 안 되는 소리를 믿으면 호구봉에 인증하러 가는 거예요.

누구나 그럴싸한 계획은 있다

실패하고 나서 꼭 하는 말이 있다.
"이것만 하고 그만하려고 했는데…."

이것만 하고 그만하자는 생각이 들었을 때가 멈출 때다. 주식은 무릎에 사고
어깨에 팔라는 말이 있다. 머리 꼭대기에서 팔고 싶은 마음은 누구나 똑같다.
하지만 그 욕심이 결국 지금보다 더 낮은 가격에 주식을 팔게 한다.

링에 오르기 전 누구에게나 계획은 있다.
쳐 맞아서 문제지….

공감댓글
★ 누구나 그럴싸한 계획은 있다 (쳐 맞기 전까지)
★ 웨메~ 원래는 이거시 아닌쥐… 쫌 더 묵고 빠질라 했는쥐~~

다 알아요~ 그럴려고 했었다는 거….

성공하지 못하는 이유

성공하지 못하는 사람들에게는 핑계가 많다 성공하는 방법을 몰라서가 아니라 그것을 하지 말아야 할 이유를 먼저 찾기 때문이다.

좋은 주식을 찾기 위해서는 기업분석과 차트분석을 해야 하는데, 아침에 일찍 일어나서 피곤하니 조금 쉬어야겠고, 배가 고프니 밥을 좀 먹어야겠고, 책상이 어지러워서 집중이 안 되니 정리부터 해야겠고, 그러다 보니 시간이 너무 늦어서 오늘은 안 되겠고….

저축도 우선 저축하고 남은 돈을 써야 저축이 가능하다고 했다.

다른 일들에 시간을 다 허비해 버리면 언제 성공해서 부자가 될 것인가?

공감댓글

★ 그때는 그래서 못 했고~ 저때는 이래서 못 했고~

★ 어? 난데?

 해야 하는 건 그냥 해야지…. 무슨 핑계가 그렇게 많을까?

서핑을 잘하려면?

뭘 잘하기 위해서는 철저한 이론을 공부하는 것도 매우 중요하다.

하지만 이론을 잘 안다고 해서 실전에서 성공하는 것은 아니다.

연애를 책으로 배운 사람은 실전에서 일어나는 수많은 변수에 대응하지 못한다. 오히려 한 번이라도 이성을 사귀어 본 경험이 있는 사람이 연애박사일 확률이 높다.

적은 돈으로 최대한 많은 매매를 경험해 보자. 책에서는 절대 배우지 못할 엄청난 경험을 습득하게 될 것이다. 경험을 위한 적은 돈은 투자 실패로 인하여 잃어버리는 손실에 비하면 너무나 작은 티끌이다.

공감댓글

★ 7분째 고민 중

★ 경험이 없기 때문에 생각만 하나 봐요

그런 거 없어도 흐름만 타면 잘할 수 있다구요.

나만 산 줄 알았는데?

'당신에게만 특별히'라는 말은 정말 어깨를 으쓱하게 만들어 준다.

뭔가 내가 매우 중요한 사람이 된 것 같고 특별한 대접을 받는다는 기분이 든다.

실제로 그들에게 당신은 매우 특별한 사람일 수 있다.

그리고 당신이 아닌 그 누군가도 그들에게는 특별한 사람이다.

그들의 말에 속지 마라.

조금 지나고 나면 당신과 같은 처지의 동료들을 많이 만나게 될 것이다. 그리고 그 동료들과 흔들리는 눈동자로 아이컨텍을 하겠지.

공감댓글

★ 울 가족 6명, 이모님들까지 삼전 유니폼 입고 있어요^^

★ 맞춤양장은 전통 성투사 양장으로~~

 나한테만 판다더니 출근해 보니 단체복이네….

가기 싫어 못 가는 거지, 찾지 못해 못 가는 건 아니다

차이나 드림이 한창일 때 중국 현지에서 일할 사람이 부족하여 중국 주재원들의 보수는 정말 높았다. 그래서 중국어 공부를 시작했는데 새벽에 일찍 일어나서 중국어를 공부를 하는 것은 정말 힘든 일이었다.

그러던 어느 날 갑작스럽게 중국으로 진출할 기회가 생겼고 유일하게 중국어를 할 줄 알았던 나는 한국에서보다 더 많은 월급을 받으며 중국 주재원으로 갈 수 있게 되었다.

남들보다 앞서가는 것은 별거 없다. 그들보다 더 많이 뛰고, 더 많이 배우고, 더 많이 노력하면 된다. 지금 당장은 편해 보이는 그 길이 당신을 성공과 멀어지게 만든다.

공감댓글

★ 성공의 길은 가시밭길~~~ 명심하겠습다

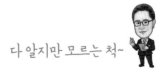

다 알지만 모르는 척~

왜 다들 나보다 빠른 것 같지?

한참을 온 것 같은데 아직도 목적지까지 멀어 보일 때가 있다.
왜 나는 항상 뒤처져 있는 것일까?

이건 전적으로 마음먹기에 달려 있다.
그동안 앞질러 온 수많은 사람들을 생각해 보라.
당신은 노력하고 있는 지금 이 순간에도 수없이 많은 사람들을 앞지르고 있다.
매일 손실만 본다고 우울해하지 말자.
그동안 수익으로 매도했던 종목들이 서운해할 것이다.

공감댓글
★ 욕심을 내려놔 이쁜 아가씨~~

 내가 항상 불행하다고 생각하는 이유

인내는 변수로부터 우리를 보호한다

게임은 아이템빨이라고 한다.
좋은 장비를 착용하면 그만큼 게임을 즐기기가 수월하다는 의미다.

주식투자를 할 때도 이러한 아이템빨은 존재한다.
수없이 나오는 악재와 뉴스, 변동성과 같은 변수에서 계좌를 보호해 주는 아이템은 인내라는 이름의 갑옷이다.

무료로 획득이 가능하니 꼭 한 벌씩 장만하시기 바란다.

공감댓글

★ 와~ 운영자다~~ 아이템 쥑이는데요^^ 잘 참을게요
★ 게임도 결국 오래 참으면 무과금으로 성공을??

근데 저 정도면 죽을 거 같은데?

계란을 한 바구니에 담으면 안 되는 이유

계란을 한 바구니에 담지 말라는 투자격언이 있다.
일상생활에서는 깨지기 쉬우니 따로 보관하라는 의미겠지만 투자의 세계에서는 분산투자를 의미한다.

투자는 아무리 안전한 종목이라도 변수에 따른 리스크가 존재한다.
그리고 나누어 담을수록 그 리스크는 점점 줄어든다.
이제부터는 한 계란… 두 계란… 세 계란을 없애 보자.

공감댓글

★ 장기투자 하려면 분산투자 및 알맞은 분할매수가 중요한 듯~

★ 계란 한 판 다 깨먹은 적 있어요 ㅋㅋ 조심조심 분산투자~~

 이제부터 한계란 없는 거예요!!

생각해 보면 쉬웠던 적은 한 번도 없었다

인생을 오래 살아 본 것은 아니지만 살다 보면 너무 지치고 힘들 때가 있다. 무거운 삶의 무게가 어깨를 짓누를 때 왜 이렇게 힘들까?라고 원망스럽기도 하다.
재미있는 것은 자수성가로 성공한 사람들은 모두 다 성공스토리가 눈물겹다.
실패는 내가 포기했을 때 만들어지는 업적이다.
포기하지 않으면 결국 성공으로 향하게 될 것이다.
주식투자를 할 때도 시장이 왜 이렇게 힘들게 하지?라고 생각될 때가 있다.
그런데 생각해 보자 주식투자가 언제 쉬웠던 적이 있었던가?

공감댓글

★ 경기는 항상 어렵다고 듣고 자랐는데 지금도 그렇다고 하죠!!
★ 오늘 배구하다가 새끼발가락 뼈 뽀사졌는데 주가하락보다 안 아프더이다…
   우째 이런 일이~~

언제나 그랬죠. 하지만 다 극복했잖아요?

웃지 마래! 거기 있으면 너도 벼락 맞는다

모진 년 옆에 있으면 벼락 맞는다는 말이 있다.

해석하기 나름이겠지만 아무리 운이 좋은 사람이라도 위험한 환경에 노출된다면 사고를 계속 피해 가기는 어렵다는 말이다.

행운을 믿지 마라.

행운은 실력이 아니다.

또 다른 변수가 생기면 나도 벼락을 맞을 수 있다.

안전한 곳을 찾아낼 수 있는 안목을 키우는 것이 행운보다 효과가 좋다.

공감댓글

★ 저도 벼락 맞고 성투사님 옆에서 정신차리고 벼락 피하는 중

★ 후~~ 섬뜩합니다. 한 컷 만화인데 한참 봤네요

 행운을 믿지 마라. 그건 실력이 아니다.

결국엔 꾸준함이 승리한다

토끼와 거북이의 경주에서 토끼는 거북이가 정말 한심했다.
저렇게 뛰어서 언제 자신을 이길 수 있겠는가? 생각해 보니 거북이가 오기를
기다렸다가 다시 앞질러서 놀려주는 것도 재밌을 것 같았다.

그리고 깜빡 잠들었다 일어나 보니 열심히 쉬지 않고 달려온 거북이가 벌써
결승선을 통과하는 모습이 보였다.

얄팍한 지식으로 주식을 다 알았다고 생각하지 마라.
여기서 안주하면 그 자리에 멈추는 것이 아니라 더 뒤로 밀려나게 될 것이다.

공감댓글
★ 천천히 꾸준해야 멀리 갈 수 있다
★ 인생이 마라톤이라는 말 있잖아요~ 꾸준함을 이길 수 없죠~^^

지금 앞서간다고 영원히 앞설 수 있는 건 아니죠.

진짜 보물은 쓰레기 속에 있다

가끔 재활용쓰레기장에 가면 이걸 왜 버렸을까? 하는 물건이 나와 있을 때가 있다. 그냥 가져다가 닦아서 써도 되고 중고마켓에 팔아도 돈이 될 것 같은 것들 말이다. 분명히 부부싸움 이후에 홧김에 내다 버렸을지 모른다는 생각을 했다.

누군가가 악재 때문에 팔아 버리는 주식이 싼 가격에 매수하려고 준비했던 사람에게는 정말 좋은 기회가 된다.

투매를 공략하라.

무슨 이유였건 헐값에 내다 버린 주식은 쓰레기통 속의 보물이다.

공감댓글

★ 고물상 하나 차릴까요? 버린 물건 다시 보자, 보물일라~~

 자… 쓰레기통을 뒤지러 가 볼까요?

이걸 정말로 산다고?

인터넷 쇼핑을 하던 어느 날 천연다이아몬드를 5만 원에 팔겠다는 글을 보았다. 부가설명에는 진짜 다이아몬드가 아닐 경우 100배 보상이라고도 써놨다. 앞뒤 생각 없이 흥분에 휩싸인 나는 나도 모르게 결제버튼을 누르고 행복하고 설레는 마음으로 택배 아저씨를 기다렸다.

그리고 전달 받은 천연다이아는 100% 천연다이아이긴 한데 크기가 눈꼽만 했다. 다이아 사 준다고 큰소리쳤다가 얻어맞은 것은 당연한 일이었다. 겉포장지는 진짜 순금이지만 결국 도금에 불과하다면 그건 가치가 없다. 하지만 광고에서는 진짜 순금이라고 할 것이다.

틀린 말은 아니지. 진짜 순금으로 도금한 거니까….

공감댓글

★ 싸 보이는 것에 속으면 곤란해요 ㅎㅎㅎ

★ 비싸 보이는데용~ 싼 것을 보는 눈이 필요합니당!!

싸 보이는 것이 아니라, 진짜로 싼 것을 사야 해요.

적립식 투자가 그런 거예요

우공이산(愚公移山)이라는 말이 있다. 조금씩이라도 꾸준히 계속한다면 산도 옮길 수 있다는 말이다. 주식투자에는 적립식 투자라는 것이 있는데 매월 소액씩 주식을 사서 모으는 것이다. 그런데 소액을 모으다 보니 수익이 늘어나는지도 잘 모르겠고 귀찮기도 하다. 20년 동안 월급날마다 삼성전자 주식을 꾸준히 샀더니 부자가 되었다더라는 이야기는 지어낸 이야기가 아닐 것이다. 꾸준히 할 수만 있다면 얼마든지 가능하다는 말이다.

유지할 수 있는 수준의 금액으로 적립식 투자를 시작하라.

그러면 당신도 성공스토리의 주인공이 될 수 있다.

공감댓글

★ 성투사님 굴삭기 한 대 사드려야겠어요

★ 삽질하는 사람이 접니다~ㅋㅎㅎㅎ 진짜 삽질만 하면 어쩌지?

 지금은 작아 보여도 시간이 지나면 커지는 것

지루하고 힘들어도 끝까지 가라

원하는 것이 어느 날 갑자기 뚝 떨어지는 경우는 거의 없다. 그것을 꾸준히 해냈을 때 그때에 가서 결과물이 나타나는 것이고 그 결과물이 나오기까지는 시간이 필요한 법이다.

원하는 대학교에 가기 위해서 고등학교 3년 동안 열심히 공부하는 건 당연한 일이다. 스카이 대학교는 벼락치기로 갈 수 있는 곳이 아니지 않겠는가?

2년이든 3년이든 투자기간은 고려하지 말라.
10년 만에 100%의 수익을 올렸다고 해도 은행이자보다는 훨씬 높을 것이다.

공감댓글

★ 제가 산 종목이 5년째 그 자리~ 혹시 제가 세력이 아닐까요?

★ 결혼에 대해서 쓰신 건가요? ㅋㅋㅋ

1분의 성공이 지난 몇 년의 실패를 보상한다고 했죠~

근거없는 자신감은 실패한다

근.자.감 이라는 말은 근거가 없는 자신감이라는 뜻이다. 자신감이 넘치는 건 좋은데 밑도 끝도 없이 들이대는 것은 결코 좋은 결과를 가져올 수 없다. 주식투자를 할 때도 왜 이 주식을 사고있는지 전혀 모르고 매수한다면 그 역시 말도 안되는 근자감 같은 것이다. 그저 매수했으니 잘 올라가겠지 라는 앙큼한 생각은 투자의 세계에서는 절대로 통하지 않는다는 것을 꼭 기억하자.

공감댓글

★ 대한민국 남성 80%가 근자감 쩐다는 말이 있죠
　 저 자신감 뭘까? 궁금해서 만났더니… 어느새 애 낳고 살고 있더라구요
★ 나 정도는 되어야 들이밀만 하지!!

　자신감은 좋은데 무모하면 안되는거에요

주린이 생존 대작전

잠 못 자고 지켜본다고 달라지는 거 없어요

어머니는 새벽에 축구경기가 있는 날이면 이렇게 말씀하셨다.

"야, 그냥 일찍 자. 내일 아침에 뉴스에서 다 알려 줘."

시장에 악재가 터지면 밤새 걱정에 잠을 못 이루는 사람들이 있다. 그런데 밤새 걱정을 한다고 해서 뭐가 달라지는 것도 없다. 잠을 안 자고 걱정했다고 글로벌 경제가 당신의 마음을 반영해 줄 리는 없을 것이다. 내가 해결할 수 있는 문제가 아니면 걱정을 하지 말라는 말도 있지 않은가?

밤새 걱정해서 줄어드는 건 내 수면 시간과 체력뿐이다.

공감댓글

★ 왠지 고민하는 성투사가 닮은… ㅋㅋ 감사합니다

★ 하루에 한 시간은 저러고 있네요 ㅋ 그래도 23시간은 잘 자요~

걱정한다고 달라지는 건 내 체력밖에 없어요.

주식이 힘들지 않은 이유

업무가 힘들 때면 꼭 가족사진을 보던 김 과장에게 부장님이 말했다.
"김 과장은 가족 사랑이 정말 대단해! 힘들 때 사진 보면서 힘 내는 거지?"
김 과장은 뚱한 표정으로 대답한다.
"네? 사진을 보고 이것보다 힘든 일이 있겠어?라고 생각하는 건데요?"

뭐가 되었든 주식투자보다 힘든 일은 많이 있다.
솔직히 골치 아픈 건 내가 투자한 회사의 경영진들이 아니겠는가?
당신의 만족을 채우기 위해 그들은 머리를 싸매고 열심히 경영할 것이다. 걱
정은 그들에게 맡기고 좋은 주식 발굴에 더 매진하자.

공감댓글
★ 가장 힘들었을 때 말도 못 해요~ 3박 4일 이야기해도 모자라요
★ 맞아 그때 그랬었지… 하며 회상할 날을 기다리며~ 살아 있어야죠

주식투자보다 힘든 일은 천지삐까리~

걱정마요, 흔들리는 건 살이에요

제자가 스승에게 물었다. "저 나뭇가지가 흔들리는 것은 나무가 흔들리는 것입니까? 바람이 흔드는 것입니까?"

스승은 제자를 바라보면 말했다.

"저기에 흔들리는 것은 아무것도 없다. 흔들리는 것은 너의 마음일 뿐이다."

악재가 나와서 주가가 내렸다면 어떤 생각이 드는가? 더 내릴까 봐 걱정스러운 마음에 빨리 팔아 버리고 싶지 않을까? 그러면 생각해 보자. 그 악재 때문에 기업의 본질적인 가치는 변하였는가?

공감댓글

★ 흔들리지 않게 열심히 공부중이에요 (맨날 까먹지만)~~

★ 한 걸음 옮길 때마다 떨려~~용… 누가 내 살 좀 가져가 주~~소~~

 흔들리는 건 살이에요. 바뀌거나 달라진 건 없답니다.

그녀가 오늘도 못 나가는 이유

당신이 아무리 기다려도 그녀가 오지 않는 이유는 예쁘게 하고 오라는 당신의 말 한마디 때문이다. 예뻐지기 위해 화장을 고치는 그녀는 오늘 못 나올지도 모른다.

주식을 매수하기 위해서 끊임없이 기다리다가 좋은 타이밍을 놓치는 사람들이 있다. 주식을 매수할 때는 좋은 위치가 중요하지만 적당한 타협도 필요하다. 어제 매수한 주식이 오늘 올랐다면 결국 나는 좋은 타이밍에 매수한 것 아니겠는가?

공감댓글
★ 항상 욕심은 끝이 없다
★ 성투사님 방송 보면 기대만땅 기쁨만땅 행복만땅

완벽한 타이밍은 없어요. 나쁘지 않으면 되는 것…

성투의 방주

하느님의 지시로 방주를 만들고 한쌍의 동물들을 태웠던 노아 덕분에 세상은 다시 시작될 수 있었다.

큰 조정이 오면 홍수에 휩쓸리듯 계좌가 쓸려나간다.
그러면 포트폴리오를 구축하고 그 안에 좋은 주식들을 담아라.

조정이 지나면 결국 살아남은 그 종목들이 계좌를 다시 살찌우게 할 것이다.

공감댓글

★ 방주가 아주 튼실해 보이네요!! 거기 타도 대죠??

★ 드디어 적을 무찌르러 가는 겁니꽈~ 성투 장군(방주~~)

★ 저도 태워 주세요

 결국 세상을 바꾸는 건 살아남은 자들이죠.

개가 짖는다고 같이 짖을 필요는 없다

원래 강아지와는 말이 통하지 않는다.
하지만 강아지가 짖으면 같이 따따부따 왈라왈라 말을 하게 되는데 그 소리에 반응하는 강아지는 더 크게 짖게 된다.

시장의 개소리가 담긴 뉴스나 리포트에는 반응하지 말자.
그들에게 반응하면 더 큰 개소리를 당신에게 들려줄 것이다.

공감댓글
★ 어젯밤 단풍이가 뭐라 하던가요?
★ 개 소리? ㅋㅋㅋ

개소리에 다 반응하지 마세요. (통역도 하지 말것!)

꿈을 꾼다고 해서 그것이 이루어지는 건 아니다

마약이나 도박에 중독된 사람들의 이야기를 들어보면 그 당시에만 느낄 수 있는 엄청난 쾌감이 있어서 끊지 못한다고 한다.

현실로 돌아오면 너무 비참하고 슬퍼지기 때문이라나?

너무 멀리 있거나 큰 꿈만을 바라보고 가면 오히려 역효과가 생길 수 있다.

천리길도 한걸음부터가 아니겠는가?

오늘, 내일이 모여서 결국 성공이라는 큰 그림이 완성될 것이다.

아직 멀리 있다고 실망하지 말고 천천히 여유 있게 가자.

공감댓글

★ 중독에서 벗어나지 못하는 이유…

★ 역시 명쾌한 답변이네요!!

 동경하고 실망하고 그러지 마세요.
노력하면 그 꿈은 꼭 이루어집니다.

잡을 수 없는 것은 똑같다

"자기야~ 하늘에 저 달 너무 이쁘지? 저거 나 따다 주면 안 돼?"

남자는 잠시 고민에 빠졌다가 좋은 수를 생각해 낸다.

하늘의 달은 멀리 있어서 잡을 수 없지만 강물 속에 비친 달은 가까워서 수영만 좀 하면 잡을 수 있을 것 같았다.

"풍덩~"

남자는 과연 달을 따서 그녀에게 선물해 줄 수 있었을까?

뜬구름 같은 주식만 찾아다니다 보면 손에 쥐는 것도 없이 시간낭비만 할 것이다. 터무니없는 목표가격 말고 현실적인 목표가격을 생각하자.

공감댓글

★ 만프로 쳐다 보지 말고 내 기준에 맞게 상황에 맞게 가야겠슴닷!!

★ 잡을 수 없는데 잡으려고 따라가면 어쩌나요 ㅋㅋ

무리할 필요가 없어요.
눈앞에 있다고 모두 잡을 수 있는 건 아니에요.

개 눈에는 똥만 보인다

개 눈에는 똥만 보인다는 속담이 있다.
나에게 유리한 것만 보게 된다는 의미이다.

주식을 상투에 매수하여 물렸음에도 하루 종일 그 종목이 올라가야 하는 이유만 찾아다니고 쳐다보는 사람들은 좋은 매매를 절대 할 수 없다.

주변을 둘러보고 여러 의견을 참고하여 객관성을 유지하라.

공감댓글

★ 똥도 먹다 보면 중독돼요 ㅋㅋ

★ 똥 먹으면 안 되는데… 못 끊을 건데…

 뭐 눈에는 뭐만 보이는 법이죠.

그저~ 바라만 보고 있지~

가끔은 매수하려고 했거나 매도를 한 종목이 계속 올라가 버릴 때가 있다. 그럴 때면 마음이 조급해져서 무리하게 따라갔다가 물리는 경우가 다반사다.

땅에 있을 때의 닭은 개가 열심히 쫓아가도 되겠지만 지붕 위의 닭은 개가 어찌해 볼 도리가 없다.

높이 올라가 버린 주식은 이미 매수의 영역이 아니다.
주변을 살펴서 다른 만만한 주식을 찾아보자.

공감댓글
★ 항상 꼭 맞는 가르침 감사합니다~~!!
★ 개보다는 닭을 기르는 게 나을 듯합니다~~ㅎㅎ

올라가 버리면 별수 없어요. 그저~ 바라만 보는 거죠.

위기를 극복하는 건 정석투자!

고유가, 고환율, 고물가 시대를 3고시대라고 부른다. 이때는 경기가 휘청거려 다들 살기가 어렵다고 하는데, 과거의 IMF나 금융위기가 그런 시절이라고 볼 수 있다.

지나고 보면 그때가 기회 같겠지만 그 시절로 돌아가도 부자가 되기는 쉽지 않다.

가격이 싼 자산들이 널려 있으면 뭐하겠는가? 살 돈이 없는데….

위기에 돈을 버는 사람은 여유자금을 정석투자로 굴리는 사람들이었다.

공감댓글

★ 내가 빙다리 핫바지로 보이냐?

★ 첫끗발이 개끗발이라고 하죠~

  쓰리고는 독박을 씌워야 제맛인데 말이죠….

시련은 이겨 냈을 때 그 가치를 알 수 있다

예쁜 꽃밭은 갑자기 생겨난 것일까? 어두운 땅 속에서 겨울의 추위를 이겨 내고 땅을 뚫고 나와서 모진 비바람을 견뎌내야 꽃을 피울 수 있다.

흔들리지 않고 피어난 꽃은 없다고 했다. 지금 당신의 계좌는 꽃피기 직전의 흔들리는 시련의 시기일 수 있다. 참아내고 극복하라.

당신의 꽃밭은 이제 만들어지기 시작하였을 뿐이다.

공감댓글

★ 성투사님과 함께하면서 흔들리지 않고 결국에 꽃피는 시절이 올 거라 믿어요

★ 왜 장이 내려도, 올라도 아무렇지 않죠? 더위 먹고 미친 걸까요?

★ 무엇이든 이루려면 시련이 있어요. 거저 얻어지는 건 없는 듯…

극복하고 이겨 내야 성장하는 것.

니가 더 잘 맞추니 별수 있나?

외국에서 원숭이와 주식전문가의 수익률 대결이 실험적으로 진행된 적이 있었다. 그런데 열심히 분석하고 투자한 전문가보다 원숭이의 수익률이 훨씬 높았다.

원숭이가 이길 수 있었던 비결은 주식의 재료를 해석할 능력이 없어 심리적으로 흔들리지 않았기 때문이다.

어쩔 때는 모르는 게 약이다.

공감댓글

★ ㅎㅎ 이건 비밀인데 하면서 이야기하지만 진짜 중요한 건 비밀이겠죠

★ 사실은 중요한 게 없다는 것이 비밀입니다 ㅋㅋ

 아… 이건 업계 비밀인데….

설마 지금 이러고 있는 건 아니죠?

이제 막 태어난 갓난아기에게 돈을 벌어 오라고 시키는 부모는 없을 것이다. 아직은 그들이 보호를 받아야 하고 돈을 벌 수 있는 능력이 없음을 알기 때문이다.

좀 더 성장하여 성인이 되면 왜 취업을 안 하냐는 잔소리가 시작되겠지만 미성년자가 돈을 벌지 못한다고 탓하는 것은 있을 수 없는 일이다.

그런데 왜 당신은 어제 매수한 갓난아이 같은 주식이 돈을 벌어 오지 못했다고 팔아 버렸는가?

공감댓글

★ 너무 와닿네요… 몇 년 키워야 되는데 말이죠

★ 가끔은 주워 온 자식인지 의심스러워서 내다 버리고 싶습니다~

★ 제가 이런 마음인데요 ㅋ~ 반성합니다

그런데 왜 어제 산 주식이 돈 벌어 오기를 바라는 걸까요?

너의 목적은 무엇이냐?

여자친구가 하늘의 달을 가리키면서 "저 달 참 예쁘지 않아?"라고 하는데 남자는 여자친구의 고운 손가락만 바라보고 있다.

염불보다 젯밥에만 관심이 있는 경우가 그런 것이다.

시장이 전달하는 메시지를 정확하게 파악해라.
그렇지 않으면 당신의 분석은 안 하는 것보다 더 못한 결과를 가져올 것이다.

공감댓글

★ 숨쉬면서 커피 마시면서 하늘 보고 있어요~ 나의 달은 어디있을까?

★ 달은 곧 진리요, 손가락은 문자이니라… 집착하지 않도록 노력해야죠

 달을 가리키는데 왜 손가락만 보는 걸까?

목적지로 가는 길에는 방해꾼이 많죠

가고자 하는 목적지를 정했다면 중간에 아무리 많은 유혹이 있더라도 목적지만을 보면서 쭉 가야 한다. 부산 가는 고속버스가 대구쯤에서 승객들을 하차시킬 리는 없지 않은가? 승객이 스스로 내린다면 모르겠지만 그럴 일도 없을 것이다.

목적지로 가는 동안에는 걱정하지 말고 느긋하게 여정을 즐겨라.
중간에 스스로 내리지 않는다면 조만간 눈앞에 목적지가 보일 것이다.

공감댓글

★ 목적지만 보고 가면 되것쥬~!! 유혹에 흔들리지 않을 겁니닷!!

★ 대표님. 무섭습니다. 하지만 함께해 주셔서 오늘도 버텨 냅니다

저 중에 한 명은 그놈이겠죠?

기회는 잡지 않으면 다른 놈이 가져간다

나는 식사를 할 때 맛있는 반찬이 나오면 아껴 먹는 버릇이 있다.
그런데 식사가 끝나갈 때 아껴 놓은 반찬을 먹으려고 하면 이미 아들의 배 속
으로 들어가 버린 안타까운 경우가 많다.

기회가 왔을 때 잡지 않으면 그 기회는 다른 사람을 찾아간다.
기회라고 생각될 때는 절대 망설이지 말고 꼭 잡아야 한다.

공감댓글

★ 맞아요. 아껴 먹으려다가 다 뺏겼어요… 항상 남 좋은 일만…
★ 아끼다 똥 된다. 우리 집 가훈입니다~ㅋㅎㅎ

 맛있는 건 아껴 먹는 게 아니에요.

악재가 너무 강하면 그럴 수 있죠

아기돼지 삼형제의 동화 속에서는 늑대가 벽돌집을 부수지 못한다. 하지만 정말 힘이 엄청 센 늑대였다면 벽돌집도 결국 부서지고 말았을 것이다.

절대 하락하지 않을 것 같던 튼튼한 주식에 투자했는데 손해를 볼 때가 있다. 시장의 악재가 너무 강해서 전체적으로 하락세가 나타났거나 기업의 개별 악재가 배임, 횡령과 같이 초대형 악재로 나타났을 경우이다.
그럴 때는 어쩔 수 없다. 상대의 힘이 강할 때는 다 부서질 수 있는 것이다.
하지만 상황이 끝나고 나면 좋은 기업은 반드시 복구된다.

공감댓글
★ 악재 안녕~~~^^ 무서웠지만 투사님 덕분에 잘~ 견뎠어
★ 악재 이 시키 지나가면 욕해야지~ㅋㅋ

악재가 강하면 우량주고 가치주고 원래 조정받는 거예요~

그분들의 대화

TV 방송 프로그램이 끝나고 나면 엔딩음악 속에서 출연자들끼리 말을 주고 받는 장면이 나온다. TV를 보시는 분들이라면 그들이 무슨 말을 하는 걸까 궁금해하셨을 것이다. "수고하셨어요", "끝나고 소주 한잔 어때?", "곧바로 집에 가세요?", "아~ 배고파"

내가 TV 방송이 끝나고 엔딩음악이 나올 때 아나운서, 패널들과 한 이야기다. 뭐 별거 있을 줄 알았나? 사람 사는 거 다 거기서 거기다.

공감댓글

★ 별거 있을 것 같아 여기 저기 보고 듣지만~~ 다 아녀요

★ 치킨은 먹으면 살찌는데… 성투치킨도 예외 없음

★ 치킨은 살 안 쪄요… 살은 내가 찌니까요…ㅋㅋ

 뭐 별거 있을 줄 알았어요?

변화하고 있는데 머무르려고 하지 말라

각주구검(刻舟求劍)이라는 사자성어가 있다.

한자를 그대로 풀이하면 배에 흔적을 남겨 검을 구하겠다는 의미인데 배를 타고 강을 건너던 무사가 강물에 칼을 떨어뜨리자 뱃전에 그 자리를 표시하고 나중에 그 자리에서 칼을 찾으려 했다는 것에서 유래했다.

주식시장은 하루가 다르게 변한다.

스마트폰의 세상에서 무선호출기를 만드는 회사의 주식을 계속 가지고 있다면 당신은 절대로 돈을 벌 수 없을 것이다.

공감댓글

★ 성공한 자는 세상의 변화에 순응한 자

★ 보물을 알아보기엔 아직도 머나먼 길~

세상의 변화를 따라가지 못하면 아무것도 얻지 못하는 법이죠.

위험한 것이 가장 안전한 것이다

늑대는 염소를 사냥하고 싶은데 절벽을 올라갈 수가 없다. 그래서 초원에는 먹을 것도 많고 안전하다고 염소를 꼬드긴다. 대부분은 믿지 않겠지만 멍청한 일부의 염소들은 그 말을 믿고 절벽을 내려가 늑대의 맛있는 식사가 되기도 한다.

시장이 당신에게 친절할 이유가 없다.
그들이 당신에게 친절할 때는 당연하게도 당신에게 얻을 것이 있기 때문이다.

공감댓글

★ 늑대야 니가 올라와야지~ 저 뒤에 구덩이 파놨다. 저격수도 있어~

★ 꼬셔 봐라 넘어가나 절대 안 팔껴, 성투사님이 시키는 대로 할 거거든…

 그놈들이 설마 나 좋으라고 그러겠어요?

나무 그늘에서 쉬는 놈이 열매가 없다고 탓한다

무더위를 피해서 나무그늘에 쉬고 있던 사람들은 아쉬움이 사라지자 불평을 시작한다.

"무슨 나무에 벌레가 이렇게 많은거야?"

"아니 무슨 나무가 열매도 없고 꽃도 안 피는 거지?"

당신의 계좌가 하락장에서도 꿋꿋하게 버틸 수 있었던 이유는 좋은 주식들이 잘 버텨 주었기 때문이다. 그런데 수익이 나지 않는다고 불평만 하면 안 되지 않을까?

공감댓글

★ 엄마가 불평, 불만, 부정적인 사람이랑 어울리지 말래요. 히힛~~

★ 호의가 계속되면 그게 권리인 줄 아는 거죠!! 에헴!!

편하게 쉼쉬고 사니까 공기가 소중한 줄 모르는 거지…

그 안에 나 있다

사자나 하이에나는 위험한 동물이지만 동물원에는 울타리가 있어 사람들이 안전하게 구경할 수 있다.

주식투자는 위험자산이지만 그 역시 원칙을 잘 지켜서 투자하면 위험하지 않다.
공부하고 인내와 긍정으로 무장하라.

공감댓글

★ 말씀 듣고 잘 참았더니 점점 좋아지고 있어요~~

★ 매수 중독에 빠져 있었던 제 마음과 머리를 식힐 수 있었어요

★ ㅋㅋ 안에 성투사라도 있나?~ 있죠~ 내 안에 너 있다~^^

 단단히 무장하면 위험하지 않다.

복수를 하려면 뭔가가 달라졌어야 하는 거 아닌가?

실패를 반복하는 사람들의 치명적인 단점은 같은 실수를 반복한다는 것이다. 아무것도 달라지지 않은 상태에서 복수만을 다짐한다면 그건 시간과 돈을 낭비하는 것에 불과하다.

손실난 주식을 내다버리고 복수를 다짐하고 있는가?
그렇다면 왜 손실이 났었는지 살펴보고 같은 실수를 반복하지 않도록 하라.

공감댓글
★ 다시는 반복하지 않으리다~~ 고점지옥~ 저점천국~
★ 복수를 하려면 같은 방법으로는 안 되죠!! 좀 더 좋은 방법으로~~

복수는 하고 싶고, 노력은 하기 싫고~

성공하려면 습관을 바꿔라

좋은 습관이 몸에 익숙해지는 데까지 약 90일 정도가 필요하다고 한다. 처음에는 어색하지만 시간이 지나면서 습관화가 되면 나중에는 하지 않는 것이 어색할 정도가 될 것이다.

주식투자로 큰 수익을 올리지 못하는 사람들은 대게 일찍 팔아 버려서다. 조금 올랐을 때 팔아 버리는 습관을 고친다면 더 큰 수익을 볼 수 있을 것이다.

3개월이다. 그 정도는 한번 해 볼 만하지 않은가?

공감댓글

★ 습관이 바뀌면 운명이 바뀐다. 그러나 노력과 인내 없이는 어렵다

★ 좋은 습관~ 엉덩이 계속 누르고 있을게요~ 주린이는 넘 힘들답니다 ㅎㅎ

 좋은 습관은 3개월이면 되는데 그걸 못 하네~

가장 큰 위험은 작은 것에 진심인 것

용기 있는 자가 미인을 얻고, 호랑이를 잡으려면 호랑이 굴에 들어가라고 했다.
그런데 이건 다 무모한 행동이다.

용기만 있다고 미인을 얻을 리 없고, 호랑이굴에 들어갔다고 호랑이를 잡을
리도 없다. 어떤 위험과 변수가 있는지 파악하지 못하면 절대 성공할 수 없기
때문이다.

주식투자를 하면서 당장 빨갛게 오르는 양봉캔들을 보고 아무런 분석 없이
덜컥 매수버튼을 누른다면 당신의 최악의 경험을 하게 될 것이다.

공감댓글

★ 다~ 자기 밥그릇이 있는 거예요~ 저는 밥그릇이 큽니다. 냉면그릇이죠 ㅎㅎ

★ ㅎㅎㅎ 기본이 따따블. 욕심이 과한가 ㅋㅋㅋ

겨우 그거 먹으려고 상어 입으로 들어간다고?

이겨 낼 수 없다면 묶어라

오디세이 소설에서 보면 세이렌의 노랫소리를 듣기 위해 자신을 배의 기둥에 꽁꽁 묶어 버리는 장면이 나온다.

리스크를 감당할 수 없다면 반드시 안전장치를 걸어야 한다.
매일 시장을 들여다보는 유혹을 이기기 어렵다면 PC에서 HTS를 삭제하거나 스마트폰에서 앱을 삭제해 버려라. 과소비를 막기 위해 신용카드를 잘라 버리는 것과 같은 의미이다.

공감댓글

★ 밧줄로~ 꽁꽁~ 노래도 들으면서 신나게 묶어 보아요 ㅋㅋ

★ 단단히 묶어라~ 사랑이 싹틀 수 있게에~~

 세이렌의 노래를 듣고자 한다면 확실한 안전장치를 걸어라.

한눈팔지 말고 집중하라

개인정보가 무더기로 팔려 나가는 세상이다 보니 주식이라는 단어만 검색해도 어떻게 알았는지 스팸문자들이 쏟아져 들어온다.

하나같이 다 자극적인 문구들뿐이다.

알고 있겠지만 그런 스팸들은 당신의 성공에는 아무런 관심이 없고 오로지 당신의 돈만을 노릴 뿐이다. 한눈팔지 말고 집중해서 목적지에 도착하라.

공감댓글

★ 요즘은 미친 넘이 마너유~ 그렇게 잘하면 지나 돈 벌지 왜 알려 줄까요

★ 저런 꼬심에는 안 흔들리죠~ 혹 버스에서 저 이번에 내려요 하면 모를까~

목적지에 도착하기 전에는 절대 한눈팔지 마세요.

서두르지 마라, 그 일은 아직 멀리 있다

가끔은 너무 서둘러서 안 해도 될 고생을 하는 사람들이 있다. 한 여름에 추워질 겨울에 대비하여 두꺼운 옷을 입는다면 어떻겠는가? 미리 싸게 사두면 저렴한 비용으로 구매하는 효과를 누릴 수 있겠지만 지금 입으려고 사는 것은 하지 말아야 할 행동이다.

주가는 하락과 횡보, 상승을 반복한다. 다시 오를 것을 생각하여 하락시기나 횡보시기에 매수를 해놓으면 한참을 기다려야 한다. 적어도 하락이 끝나거나 횡보가 끝나서 곧 오를 것 같을 때 매수해 보자.

늦가을의 겨울옷은 그럭저럭 봐줄 만 하지 않겠는가?

공감댓글

★ 여름에 파카 입고 다니는 사람 봤어요 (속으로 미칫나~) 운동 중이더군요 ㅎㅎ

 너무 앞서가지 마세요. 때가 되면 다 하게 됩니다.

배워 두면 보인다

해외토픽에 마당에서 우물을 파다가 큰 바위가 나왔는데 값비싼 보석의 원석이었다는 기사가 있었다. 집주인은 마침 보석감별사였는데 한눈에 알아봤다고 기사에서 설명하고 있었다.

가만히 생각해 보니 내가 집주인이었다면 쓸데없는 쓰레기로 생각해서 저 멀리에 내다 버렸을 것이고 엄청난 행운은 나도 모르게 사라졌을 것이다.

아는 만큼 보인다.

조금이라도 더 많이 공부해야 큰 수익을 만들어 줄 보석 같은 주식이 보일 것이다.

공감댓글

★ 뭘 알아야 알려 줘도 알아보죠~ㅋ 그쵸?

★ 방송만 열쮜미 들어도 알 것들을… 공부하세욧!! 해야죠 ㅋㅋㅋ

배워 두면 보이고, 보이면 놓칠 리 없다.

실수는 발전의 시작이다

동물이 다니는 통로에 전기철조망을 설치하면 처음에 몇 번은 멋모르고 당한다. 하지만 횟수가 거듭될수록 전기철조망에 대한 경계심이 생기게 되고 어느 순간부터는 그쪽으로 다니는 동물들이 없어지게 된다.

처음에는 누구나 실수를 하고 잘못된 선택을 할 수도 있다.
많이 봐줘서 두 번, 세 번까지도 그럴 수 있다고 생각한다.
그런데 계속해서 같은 실수를 반복하면 그건 진짜 심각한 문제가 있다.

공감댓글

★ 쥐가 대단해요 ㅎㅎ~~ 난 그럴 줄 알고 고양이를 키우지 ㅋㅋ
★ 가끔 쥐가 고양이 밥을 훔쳐먹기도 한대요 ㅋㅋ

 가장 무서운 것은 실수를 했음에도 발전하지 않는 것이다.

야식은 역시 라면입니까?

야식으로 가장 먼저 생각나는 음식은 치킨, 족발 등이겠지만 간단하게 뚝딱
해치울 수 있는 국민야식은 단언코 라면이 아닐까 싶다. 그런데 야식으로 라
면을 많이 먹으면 배둘레햄이 점점 커지는 건 당연하다.

주식투자를 하면서도 라면을 자주 먹는 사람들이 있다.
"샀더라면~", "팔았더라면~"과 같은 라면들이다.
주식투자의 라면은 자주 끓이지 말아야 한다.
많이 끓일수록 자신감이 떨어지거나 무모한 행동을 하게 된다.

공감댓글
★ 아~ 맛있어 보인다. 점심으로 누룽지 먹고 있건만!!
★ 라면에 누룽지를 넣어서 드시면 꿀맛입니다. 가즈아~

아… 소고기 사먹었더라면……ㅠ.ㅠ

작년에 왔던 각설이는 살아 있으면 또 온다

얼씨구~ ♬ 들어간다~ ♪ 작년에 왔던 각설이~ ♬ 죽지도 않고 또 왔네~ ♩

한 번쯤은 들어본 노래일 것이다.
여기서 중요한 것은 죽지도 않고 또 왔다는 것이다.

무언가 반복되는 것을 우리는 주기라고 부른다. 주식투자도 하락장과 상승장
이 반복되는 주기를 만들며, 돈을 버는 시기는 다시 돌아온다.

공감댓글

★ 얼씨구씨구 들어간다~ 절씨구씨구 들어간다. 내가 그지왕이 될 상인가~

★ 그지도 돌아오는데 내 원금도 좀 돌아오자~!!

 살아 있다면 돈을 버는 시기는 또 온다.

점괘가 나왔습니다

어떤 사람은 물컵에 담긴 물을 보고 "에이 절반밖에 안남았네"라고 하지만 어떤 사람은 "우와 물이 절반이나 남았네"라고 말한다.

부정적인 생각과 긍정적인 생각은 한 끗 차이다. 같은 경제지표를 보고도 어떤 사람은 부정적으로 어떤 사람은 긍정적으로 생각한다.

하나만 묻고 싶다.
부정적으로 생각하면 나에게 어떤 도움이 되는가?

공감댓글

★ 저를 위한 점괘로군요… ㅎㅎㅎ
★ 긍정은 긍정을 부른다^^ 성투사님 만난 뒤로 긍정맨으로 바뀌고 있어요~

점괘나 시장이나 해석하기 나름~ 이왕이면 좋게 합시다!

차트는 주식투어의 가이드

여행을 할 때 잘 모르는 곳은 가이드가 필요하다.

그런데 그들은 그냥 여행을 안내해 주는 역할뿐이지 여행의 재미를 즐기는 것은 전적으로 여행을 즐기고 있는 당신의 몫이다.

시장에는 수많은 조언이 존재하지만 실제로 매수와 매도를 하는 것은 당신이다. 그들의 말을 참고하되 휘둘리지 말자. 투자로 인한 희로애락은 그들이 아니라 당신이 겪는 일이라는 것을 잊으면 안 된다.

좋은 가이드는 여행의 재미를 더 가중시켜 줄 뿐이다.

공감댓글

★ 즐거운 우상향 차트 여행가실 분~~ 모여라~~ 가 보자구요

★ ㅎㅎㅎ 올라가는 코스 좋아요

 그런데 가이드한테서 여행의 즐거움을 찾지는 않죠?

바로 앞의 즐거움, 바로 뒤의 리스크

귀여운 아기곰을 촬영하기 위해 정신이 팔려 있는 사람 뒤로 화가 난 엄마곰이 무서운 표정으로 달려오고 있다.

주식투자를 하다 보면 잘 올라가는 주식이 너무 기특해서 자꾸 더 사고 싶어진다. 그런데 그렇게 하다 보면 매수비중도 커지고 평균매입단가도 올라가기 때문에 잠깐의 하락조정에서도 큰 손실을 보게 될 수도 있다.

잠깐의 즐거움을 위하여 위험을 망각한다면 큰 곤경에 빠질 수도 있는 것이다.

공감댓글
★ 아이쿠~ 나도 다음 일어날 일이 무서워서 못 보겠어요. 여름공포 특집입니꽈?
★ 인간은 망각의 동물~ 일깨워 주셔서 감사합니다~^^

잠깐의 즐거움은 위험을 망각하게 한다.

생선의 꼬리와 머리는 고양이에게 주는 거죠

생선의 머리와 꼬리는 고양이에게 주라는 말이 있다.

이것은 맛없는 부위까지 먹으려고 애쓰지 말라는 것이다.

비슷한 주식격언으로는 무릎에서 사서 어깨에 팔라는 말이 있다.

꼭 최저점, 최고점에 사고팔려고 애쓰는 사람들이 많지만 그건 욕심일 뿐이다.

가운데 토막을 맛있게 먹었다면 나머지는 고양이에게 주자.

그거 먹으려고 달려드는 고양이들이 얼마나 많이 있겠는가?

공감댓글

★ 맛없는 부위는 퉤퉤. 하겠습니당 ㅋㅋ 배탈 나니까용 @@

★ 맛난 살코기만 묵고 나머지는 욕심내지 말아야종 *^^*

★ 몸통까지만 먹어도 다 먹은 거죠 ㅋ

 맛없는 부위까지 다 먹으려고 하지 마세요.

분위기에 취하지 마라

가끔 술에 취하면 지갑을 꺼내들고 계산을 하겠다고 우기는 사람들이 있다. 집에 가서도 자는 아이들을 깨워 용돈을 주고 난리가 아니다. 그리고 다음 날 같이 술먹었던 사람들에게 조용히 문자를 보낸다.

"어제 먹은 것 더치페이예요. 1인당 5만 원씩 입금요망"

물론 아이들에게 줬던 용돈도 이미 돌려받은 상태다.

분위기에 취하면 사고가 물렁해지는 경우가 생긴다. 투자를 할 때는 절대 분위기에 취하지 말라. 이건 더치페이도 안 되고, 회수도 안 된다.

공감댓글

★ 돈을 흥청망청 주식을 사고 싶은데 돈이 없네요. 사고픈 게 너무 많은데…

★ 왠지 술 좋아하는 내 이야기 같은…

그러지 마라…. 아침에 분명히 후회한다.

움직이지 않던 것이 움직이면 크게 오른다

죽순의 폭풍성장에 대해서 알고 있는가? 4년에서 5년여에 걸친 긴 시간을 땅속에 머물러 있다가 삐죽하게 올라온 순간 그날부터 하루에 1m씩 성장해 버린다.

이것은 주식과 비슷하다. 천천히 가는 주식들도 있겠지만 오랜 시간 동안 꿈쩍도 안 하다가 어느 날 갑자기 일주일도 안 되는 사이에 두배가 넘는 상승을 하기도 한다. 주식은 98%의 기다림 이후 2%의 날에 다 오른다는 것을 기억하자.

공감댓글

★ 움직임이 없다가 움직이는 것은 다 뜻이 있다. 명심하겠습니다

★ 나는 죽순이다~~

★ 나는 죽돌이다~ㅋㅋ ㅎㅎ

 오랫동안 움직이지 않다가 움직이는 것은
뜻한 바가 있기 때문이다.

모두가 확실하다고 해도 이상하면 의심하라

세 명이 모여서 사람 한 명 바보 만드는 것은 쉬운 일이라고 하였다.
모든 군중들이 그렇다고 하는데 거기에 용감하게 아니라고 외치는 것이 쉽지
않아 그냥 그들의 결정에 따라가는 경우가 많다.

그렇게 미쳐 버린 군중의 심리에 동조되어 휩쓸려 다니다 제정신이 돌아올
때쯤이면 이미 멀리 와 버린 경우가 대부분이다.

확실하다면 주변 분위기에 휩쓸리지 말자.

공감댓글
★ 모두가 YES라고 할 때 의심하고 모두가 NO라고 할 때 긍정적으로…
★ 귀가 팔랑팔랑~ 코끼리 귀마냥~ㅋㅋㅋ 사기꾼에게서 우릴 지켜주세요

옆에서 다들 그렇다고 그러면 그런 줄 알게 되죠.

목표지점보다 먼저 멈추어라

요즘은 사거리에 신호위반 단속 카메라가 있다.

노란색 신호등에 건너갈 수 있을 것 같아서 속도를 내고 건너갔는데 며칠 후에 범칙금 통지서가 날아오면 머릿속에 많은 후회가 스쳐 지날 것이다.

가끔 매도를 했는데 더 올라가거나 매수를 했는데 더 내려가는 경우가 있다.

그럴 때마다 배가 아프다고 우울해하지 말자.

더 싸게 사려다 매수를 못 하거나 더 비싸게 팔려다 매도를 못 하게 된다.

공감댓글

★ 사람인지라 매도 후 더 올라가는 놈을 쳐다보게 되더이다~

★ 매도할 거라도 있음 좋겠네~ @@

★ 최저점매도는 자신 있습니다ㅏ아아~~ㅎㅎ

 매도하고 더 올라가는 걸 배 아파하지 마라.
그러다가 못 팔 수 있다.

확신하지 못하면 흔들린다

시험을 치르는 중에 공부를 잘하게 생긴 학생이 나하고 다른 답을 써놓은 것을 우연히 보게 된다. 그러면 당신은 어떻게 할 것인가? 내가 확실한 답을 알고 있는 것이 아니라면 그 학생의 답을 배껴 쓸 가능성이 58,000%.

확실한 분석을 통해 주식을 매입했는데 주가가 연일 하락하면서 내린다면? 관련 뉴스들도 모두가 그 주식에 대해서 나쁜 이야기를 쏟아낸다면? 주식투자를 하면서 자주 겪는 일이다. 이때는 내가 확신하지 못하면 흔들리는 마음으로 주식을 팔아 버리게 된다.

공감댓글

★ 사실 정답이 2인가 3인가 아리까리하다. 하지만 흔들리지 않는다

★ 내가 호구면 남의 떡이 커 보이죠

내가 나를 확신하지 못하면 모든 것이 흔들린다.

충분히 익어야 제맛이 난다

바나나를 먹어 본 사람은 색상이 싱싱해 보일수록 맛이 없다는 것을 잘 알 것이다.

바나나는 약간은 갈색으로 거무튀튀해야 더 당도가 높고 맛있다.

주식도 마찬가지다.

싱싱하게 쭉쭉 뻗어가는 주식을 보면 먹음직스럽겠지만 실제로는 먹을 게 없다. 왠지 쭈굴거리고 별로일 것 같아 보이는 주식이 실제로는 큰 수익을 준다.

공감댓글

★ 인내는 쓰고 바나나는 달다~~

★ 바나나는 원래 하얗다가 아닙니꽈?

★ 맛난 거 먹을려면 기다릴 줄 알아야죠. 기본상식인데 그걸 못 하네요

 맛있게 먹으려면 충분히 익혀서 먹어야죠.

거기가 더 빠를 줄 알았어요?

고속도로가 정체될 때 왠지 내가 있는 차선만 느리게 가는 것 같다. 그래서 이리저리 차선을 옮겨 보지만 결국 내 뒤에 있던 차에게 추월당하게 된다.

빠른 것 같아 보여도 실제로는 큰 흐름에 맞춰서 가는 것이다. 저쪽이 움직였다면 그다음은 이쪽이 움직이는 것이다. 내 종목이 움직이지 않는다고 다른 종목으로 갈아타기를 하다 보면 계좌가 어느새 홀쭉해지는 상황을 만나게 될 것이다.

공감댓글

★ ㅎㅎ 혹시 해서 왔다갔다 하면 위험해져요
★ 좀 빠른 쪽으로 차선변경해도 가다 보면 1~2대 차이더라구요^^

빠를 것 같다고 가 보지만 결국 더 늦어요.

나무 꼭대기의 감은 놔둬라

어릴적 시골에 가면 감나무 꼭대기에 감이 몇 개 남겨져 있는 것을 볼 수 있었다. 할아버지께서는 까치밥이라고, 까치도 먹고 살아야 한다고 말씀하셨는데…. 그날 저녁 진실을 알게 되고 말았다.

"아니 그… 너무 높아서 위험해서 못 따겠더라고…."

너무 위험하건, 까치밥으로 남겨놓았건 최고점 매도는 고려하지 말아야 한다. 짜릿한 쾌감을 줄 수 있는 유혹이겠지만 위험한 1억 원보다 안전한 1천만 원이 더 좋다는 말도 있지 않은가? 먹을 게 있다고 생각되어야 내 주식을 사러 누군가가 들어올 것이고 나는 성공적인 매도가 가능할 것이다.

공감댓글

★ 저 위에 올라가서 떨어지면 마이 아파~~

★ 위에 감까지 다 따려고 욕심부리지 말고 착한 마음으로 적당히 먹어요

 남겨두는 건 다 이유가 있는 거예요.

성공의 비결은 바로 도미노

성공한 사람들의 말을 들어보면 그들은 언제나 좋은 스승의 영향을 받았다고 한다. 돈을 벌고 싶다면 부자의 곁으로 가라는 말이 있듯이 지금보다 더 잘되고 싶다면 지금의 나보다 더 나은 사람과 함께하라.

공감댓글

★ 조만간 Time지에서 뵙겠습니다…

★ 조만간 MBC 9시 뉴스에서 뵐게요~~

★ 8시 뉴스 아닌가요? 옛날사람 티나요 ㅎㅎ

성공의 비결은 사실 엄청 간단해요

억울한 것은 다시 회복된다

죄인을 벌하는 것보다 억울한 사람을 만들지 않는 것이 법이라고 한다. 무죄추정의 원칙으로 다소 의심스럽지만 명확한 증거가 없다면 무죄로 보아야 하고 그 사람은 석방되는 것이 당연하다는 이야기다.

재무제표가 좋고, 실적도 좋고, 성장성도 좋은 기업이 있다고 치자.
시장의 돌발변수 때문에 그 기업이 큰 주가하락을 보였다면 억울하지 않겠는가?
이런 기업은 시장이 상승할 때 가장 먼저 회복하는 모습을 보일 것이다.

공감댓글
★ 증시에도 정의는 살아 있네~~
★ 내 계좌는 억울하다~~

 억울한 종목들은 다시 올라가야죠.

슈퍼스탁 K의 우승자는?

어릴 때부터 남달리 끼가 있던 아이들은 커서도 뭐가 좀 다른 경우가 많다. 노래를 잘하는 아이들이 가수가 되는 것처럼 말이다.

주식도 상한가나 급등의 추세를 보여 왔던 종목들이 다시 급등할 가능성이 높다.

끼가 있는 주식이 좋은 매수타이밍을 만들고 있다면 유심히 살펴보자.

공감댓글
★ 끼가 있는 놈들이 눈에 확 들어오기는 하죠, 그놈들을 잘 살리는 게 능력
★ 상한가 끼쟁이들아 가즈아~ 상한가 상한가 쉰나는 노래~ 나도 불러보자

슈퍼스탁의 우승자는 끼가 있던 주식이었습니다~

고기도 먹어 본 놈이 먹는 거예요

처음 스타벅스에 갔을 때 알바생이 하는 말을 못 알아들어서 고생한 적이 있었다.

샷은 뭐고, 톨은 뭐고, 아아와 뜨아는 무엇이란 말인가?

결국 나는 '시원한 커피를 연하게 남들이 많이 먹는 것으로 주세요' 라고 했다.

알아야 면장을 한다. 주식투자를 하면서 어떻게 기업을 분석하는지도 모른다면 수익을 볼 수 없을 것이다.

공감댓글

★ 성투사님 돈 벌어서 꼭 소고기 사드릴게요^^

★ 그 맛나다는 고기를 먹어 본 적이 없네요. 고기는 어떻게 생겼죠?

 고기는 소고기죠~

가만히 있어라, 그게 더 나을 수 있다

폭격이 떨어지고 있을 때는 안전한 벙커에서 웅크리고 있는 것이 가장 안전하다. 더 안전한 곳을 찾으려고 이동하다가는 폭격의 목표가 될 수도 있기 때문이다.

시장의 변수가 커질 때는 안전한 저평가 주식을 담아두는 것이 유리하다. 변동성 구간에서 많이 상승한 탓에 고평가가 되어 버린 주식은 공매도와 차익실현이라는 이름의 매물폭탄이 쏟아지게 될 것이기 때문이다.

공감댓글
★ 이제 첨 겪는 건데 뭘 알겠어요. 계속 당하는 거쥬~
★ 가지 마라 잡아도 달려가네. 으이그 할 수 없죠~^^

폭격이 있을 때는 그냥 있는 것이
살아남을 수 있는 가장 좋은 방법이다.

물타기는 다 내려가고 나서 하는 거랍니다

후룸라이드와 같은 놀이기구는 높은 곳에서 물 위로 떨어지며 재미를 선사한다. 그럼 언제가 제일 재미있을까? 위에서 떨어지고 있을 때인가? 물 위로 떨어져서 물보라가 머리 위로 덮쳐 올 때인가?

주식을 하다 보면 손실이 날 때가 있다. 그럴 때는 부득이하게 물타기라는 것을 하게 되는데 하락하고 있는 동안에 계속해서 물타기를 하게 되면 정말 재미없는 경험을 하게 될 것이다.

하락할 때는 기다려라. 그리고 바닥에 도착해서 물타기를 하면 최고의 효과를 경험하게 될 것이다.

공감댓글

★ 내려가는 도중 물타지 말고, 슬금슬금 들이밀 때 타자!!

★ 내려가는 칼날을 잡는 잘못된 방법을 성투사님 덕분에 고쳤어요

 중간에 물타기하면 절대 안 되는 거예요.

수확하는 열매 안에는 모든 고생이 다 들어 있다

농부는 수확의 시기가 오면 곡식으로 가득 들어 찰 곳간 생각에 마음이 뿌듯하다. 하지만 그는 풍년이라는 결과를 만들기 위해 지난 1년간 비바람과 가뭄, 태풍, 병충해 등으로 정말 고생스러웠을 것이다.

주식의 수익률만 보고 부푼 꿈에 사로잡히는 사람들이 있다. 냉정하게 말하면 수익률은 오랫동안 고생한 것에 대한 결과물이다. 고통 없는 수익은 없다.

수익은 고통을 감내할 수 있는 사람만이 얻을 수 있다.

공감댓글

★ 감사합니다~ 세상에 공짜는 없다는 말은 진리네요

★ 오늘 푸른 하늘은 더 좋습니다. 태풍 무서워서 잔뜩 겁을 먹었는데요~

지금의 고생이 나중의 큰 수확이됩니다.

욕심을 들어내야 비로소 돈이 보인다

누구나 욕심 때문에 일을 그르치거나 손해를 본 적이 있을 것이다.

머리로는 잘 알고 있지만 욕심을 덜어내는 것, 그건 참 실행하기 어려운 미션이다.

주식투자를 하다 보면 조금 더 높은 가격에 매도하려고 망설이는 경우가 있다. 그리고 주가가 하락하기 시작하면 팔지 못한 것을 후회하곤 한다. 주식의 호가는 그래 봤자 1% 남짓의 변동성에서 움직일 것이다. 1% 때문에 좋은 매도의 기회를 놓치면 더 큰 손해가 생길 수 있다.

공감댓글

★ 불신, 욕심, 조급을 버려야 하는데 아주 가끔 깜빡 잊을 때가… ㅋㅋㅋ

★ 머리 깎고 산속으로… 나무아미타불 관세음보살!!

 그걸 해야 하는데 하고 싶지가 않죠?
그러면 보물도 없는 거예요.

조금만 더 가면 출구다

어려움과 곤경을 만나게 되면 포기부터 하는 사람들이 있다.

절대 안 될 거라고 체념해 버리면 문제는 절대 해결될 수가 없다.

주식투자를 하면서 손실나는 경우가 생기는 것은 당연하다. 그때 그냥 체념
하고 포기해 버린다면 주식투자로 수익은 절대 경험할 수 없을 것이다. 손실
중이라면 포기할 것이 아니라 손실을 회복하는 데 주력해야 한다.

윈스턴 처칠의 유명한 연설이 있다.

"never, never, never give up."

공감댓글

★ 동해 천곡동 황금박쥐 동굴인가 봐요~ㅎㅎ

★ 거기 해골 옆에서 울고 있는 분(우상향), 같이 나가자구요

똥통에 빠졌을 때 반드시 해야 하는 일은
그곳을 빠져나오는 일이랍니다.

10년치를 가불하면 10년 동안 먹을 게 없다

혼히 주택담보 모기지 대출을 노예계약이라고 부른다. 집을 사느라 부족한 돈을 대출했다면 이자를 얹어서 20년간 갚아야 하기 때문이다. 가끔 엄청난 속도로 상승해 버린 주식을 볼 때가 있다. 그러한 기업들은 먼 미래에 발생될 기대감을 주가에 반영하는 경우가 대부분이다.

10년 후의 가치로 평가하면 10만 원은 가야 할 주식!

이 문구를 보면 어떤가? 1만 원일 때 사면 좋겠지만 상승 분위기에 휩쓸려 10만 원까지 오른 후에 매수하면 적정가치가 되는 10년 후까지 당신은 그저 손가락만 빨고 있어야 할 것이다.

공감댓글

★ 성투사다무라스 왈 : 가불 없는 삶이 낙원이로세~

★ 아니 죽어서도 일을 해야 하는가? 나는 죽어서는 절대 일 안 할 거다

 10년 오를 거 다 올라 버린 주식을 사면 노예로 살아야 해요.

그런다고 열매가 열리지 않아요

빠른 수확을 바라며 씨앗을 심은 곳에 1년치 비료를 들이붓고 저수지처럼 물을 가득 채운다면 과연 빠르게 성장하는 작물이 있을까?

물려 있는 주식을 빠르게 회복하기 위해서 물타기를 하는 경우가 많다. 하지만 하락하는 추세에 계속해서 물타기를 하면 종목은 비대해지고 손실은 더욱 커지게 된다.

모든 것은 다 때가 있다. 좋은 때가 오는 것을 기다려서 적절하게 대응해 주는 것이 좋은 투자다.

공감댓글

★ 때가 되어야 열매가 열리는 법

★ 주식 열매는 쉬운거 같지만 무지 까다롭게 관리해야 하네요

 하~ 그래서 물타기를 하는 거예요?

기본에 충실해야 완주할 수 있다

해외여행을 가기 위해서 커다란 짐가방을 들고 온갖 멋을 부린 다음 공항에 도착했는데 여권을 가져오지 않았다면 어떻게 될까?

성공적인 투자를 위해서 반드시 해야 하는 공부들이 있다.

국, 영, 수를 모르고 1등급을 받을 수 없듯이 기본적인 기업분석과 차트분석을 할 수 없다면 좋은 주식을 발견할 수 없다.

공감댓글

★ 그렇죠. 무엇을 하든 기본기가 탄탄해야죠

★ 자주 까먹는 기본~ 나는 새인가?? 물고기인가??

문제의 해결은 기본기부터 탄탄하게~

진짜 문맹은 배울 줄 모르는 사람이다

나는 요리를 전혀 하지 못한다. 워낙 사람이 먹을 수 없는 음식만 만들다 보니 주방 근처에 어슬렁거리지도 못한다. 나도 배우면 잘할 수 있는데…라는 생각은 착각일까?

주식투자로 수익을 내고 싶으면 배워야 한다. 요리는 누군가가 대신해 줄 수 있지만 투자는 오로지 자신의 책임이기 때문이다.

간단한 것들만 배워서 원칙만 지켜도 잘할 수 있는 것이 주식투자다.

공감댓글

★ 제 얘기네요 ㅋㅋ 배우고 했어야 했는디… 먼저 사고 나중에 공부를… ㅠ.ㅠ

★ 아는 것이 돈이다 ㅎㅎ

★ 제가 그래서 요리를 안 하는 거랍니다 ㅋㅋ

 모르면 배워야죠~

잔챙이는 신경 쓰지 말자

자잘한 것에 신경 쓰다 보면 큰 흐름을 보지 못한다. 한창 전쟁 중인 군인들이 강렬한 태양빛에 얼굴이 탈까 봐 썬크림을 바르고 있다면 제대로 된 전투를 할 수 있겠는가?

주식시세는 상승세라고 하더라도 자잘하게 오르고 내림을 반복한다.
추세의 방향이 올곧게 가고 있다면 작은 변동성은 무시해야 큰 수익이 가능하다.

공감댓글
★ 돌격~ 가즈아!! 똥물에 치는 파도는 신경도 쓰지 말자
★ 괜춘아요~ 성투사멸미약 먹어서…ㅎㅎ

주식할 때 잔 파동은 무시하라고 했다!!

항상 맑으면 사막이 된다

비가 오랫동안 오지 않으면 가뭄이 들고 땅이 메마르게 된다.
생명이 살아가려면 햇빛이 필요하듯이 물도 필요한 법이다.

주가가 하락한다고 안타까워하지 말자. 계속 오르기만 한다면 지금처럼 싸게
살 수 있는 기회가 없어지는 것이니까.

공감댓글
★ 여긴 비만 내려요~ 살려 주세요
★ 매수기회 안 줘도 돼요~ 오늘부터 그냥 막 올려주세요 ㅎㅎ

 주식도 계속 오르면 매수기회가 없잖아요?

회복 먼저 하고 뛰어놀자

몸이 아픈 철수는 친구들과 놀고 싶은 생각이 간절하다.
그래서 주사도 맞고 잘 먹고 잘 자서 빨리 회복하기로 결심했다.

주식투자를 하는 사람들은 수익을 간절히 원한다.
하지만 계좌가 손실 중인 상태에서는 수익을 만들 수 없다. 수익을 보기 위해서 가장 우선시해야 할 일은 계좌의 손실을 회복하는 것이다.

공감댓글

★ 회복하면 공부해야죠!! 놀 시간이 어딨습니까!!

수익을 원한다면 계좌의 회복부터~

날뛸 때 가장 안전한 대응은 잘 붙잡고 있는 것이다

로데오 경기에서 선수들은 황소의 등에 올라타 목숨을 걸고 버틴다. 손을 떼는 순간 황소의 공격을 받아 크게 다치거나 목숨을 잃을지도 모르기 때문이다.

주식도 시장환경에 따라 비상식적으로 등락을 거듭할 때가 있다.
그럴 때는 꽉 붙들고 변동성이 끝나기를 기다리자.

제자리에 다시 돌려만 놓으면 되는 것 아니겠는가?

공감댓글
★ 저런거 나는 못 타니까 거머리마냥 붙어 있어야겠다
★ 성투사님 붙잡고 가만히 있을랍니다

 미쳐서 날뛸 때 살아남는 안전한 방법은
꽉 붙들고 버티는 것뿐이다.

출발한 곳은 같더라도 목적지는 모두 다르다

기차를 타고 가다 보면 목포나 부산까지 가는 열차임에도 중간에 사람들이 내린다. 각자의 사정이나 목적지가 다르기 때문이다.

주식도 같은 지점에서 출발했지만 수익률은 천차만별이다. 수익을 내고 매도 하는 것은 상관없다. 하지만 조금이라도 더 멀리 가 볼 것을 권장한다.

공감댓글

★ 오늘 첨 댓글 달아봐유~ 늘 배꼽 빠질 듯이 웃는 1인입니다

★ 헉 팔다리가 굳어서 꼼짝을 못 하겠어요. 여기서 드러누워도 되나요?

같이 출발해도 목적지가 다른 이유는
각자의 사정이 있어서죠.

보인다고 다 아는 건 아니다

대학교 시험을 볼 때 오픈북을 진행할 때가 있었다. 언뜻보면 책을 보고 시험을 보는 것이니 매우 쉬울 것 같지만 실제로 오픈북 시험은 범위가 매우 방대하기 때문에 오히려 더 어렵다.

확실하게 알지 않으면 방대한 자료 속에서 딱 맞는 것을 찾아내기 어렵다. 주가가 오르고 내리는 이유를 알고 싶다면, 그리고 어떻게 대처해야 하는지 알고 싶다면 좀 더 많이 공부해야 할 것이다. 정답이 보여도 그것이 정답인지 알 수 없다면 당신의 시험점수는 형편없을 테니까.

공감댓글

★ 하~ 정답을 가르쳐 줘도 모르는…ㅠ.ㅠ

★ 정답은 보이는데 틀린 판단으로 망하는 거죠 ㅋㅋㅋㅋㅋㅋㅋ

다 보이는 것 같아요? 그런데 왜 다 틀릴까요?

어? 그러면 후회해요

부부싸움을 하고 온 김 부장 때문에 사무실 분위기가 엉망이다. 직원들은 살얼음판을 걷는 기분으로 결제서류를 들이밀지만 김 부장은 결제서류를 하늘 높이 던져 버린다.

원인을 엉뚱한 곳에서 찾는 것은 정말 어리석은 짓이다. 당신이 주식투자로 손해를 보고 있는 것은 무엇 때문인가? 잘 몰라서 그랬다면 공부를 해야 하고 실수를 해서 그랬다면 실수를 고쳐야 할 것이다.

공감댓글

★ 아으~ 정말 지금 저의 맴이에요. 다 부숴 버릴 거얍~~

★ 망치의신 토르 나가신다 비키라~~

★ 주식은 돈을 벌기 위함이 아니라 도를 닦기 위함이다~!

그애의 잘못이 아닌데 왜 거기다 화풀이를 하세요?

해가 진 걸까요? 별이 뜬 걸까요?

세상을 보는 관점은 사람마다 다 다르다.

어떤 사람은 해가 졌다고 하지만 어떤 사람은 별이 떴다고 한다.

주식투자를 하는 사람들은 극명하게 나뉜다.

긍정적인 사람과 부정적인 사람.

그리고 언제나 긍정적인 사람은 돈을 벌었다.

정말 궁금한 것은 시장을 부정적으로 보는데 왜 주식을 사고 있는가?

공감댓글

★ 아침이 있으면 저녁도 있는 법. 역사가 이뤄지는 순간은 밤이니라

★ 해와 별은 뜨고 지는 게 아닙니다. 지구가 돌고 있기 때문이죠

 해가 져서 별이 떴다는 긍정적인 생각은 개뿔~
애들은 확실히 부부가 아닙니다.

왜 개 짖는 소리에 돌아보는가?

기분이 안 좋을 때는 누군가의 격려도 비웃음으로 들릴 수 있으며, 길을 걷다 마주친 강아지가 나를 보고 짖었는데 그게 나를 욕하는 소리로 통역이 될 수도 있다.

내가 확실하다면 흔들리지 않는다.
개소리는 우리가 알아들을 수 없는 강아지들의 언어이다.
그걸 멋대로 해석하여 끼워맞춰야 할 필요는 없다.

공감댓글
★ 감사합니다! 투자는 심리다!! 화이팅!!
★ 개소리에 신경 쓰지 말고 제 갈 길 가야죠~

개소리가 멋대로 해석해서 들리는 것인가?

모두가 안 된다던 그 나무를 오르는 애들이 있다

불가능해 보였던 스포츠 기록들은 수많은 도전속에서 새롭게 갱신된다. 안 된다고 생각하는 순간 그건 끝이지만 할 수 있다고 생각하면 성공할 수 있다.

손실만 보는 투자를 하다 보면 자신감이 떨어질 때가 있다. 뭘 해도 안 될 것 같고, 주식투자는 나의 길이 아닌 것 같을 수 있다. 그럴 때는 너무 멀리 보지 말고 지금 당장 한 발자국만 앞으로 걸어가라. 그러면 당신은 이미 성공투자에 한 발 다가선 사람이 된 것이다.

공감댓글

★ 10년 장투해서 반드시 지금의 아픔을 갚아주겠습니다!!
★ 나는야~ 담쟁이 잎 2^^ 담쟁이 잎 3 나오세요~

 모두가 못 오른다고 할 때,
담쟁이 잎 하나는 수천 개의 담쟁이 잎을 이끌고 올라간답니다.

도움을 바라지 마라, 밤이 되면 그림자도 날 버린다

등산을 하다가 하산시간이 늦어져 주변이 어두워졌던 적이 있었다.
한 치 앞도 안 보이는 그 상황에서 나에게 길을 보여 준 것은 미리 준비한 손전등이었다.

모든 투자의 판단은 결국 나의 몫이다. 주변의 수많은 이야기와 조언, 기법, 강의 들은 나에게 참고가 될 뿐이다.
하지만 그 공부를 하지 않으면 내가 올바른 판단을 내릴 수 없다.

공감댓글

★ 성투사표 손전등~ 잘 쓰겠습니다

★ 그림자는 날 버려도 성투사님은 주린이를 절대 버리지 않는다

★ 학교만 졸업하면 공부는 땡인 줄 알았는데…ㅠ

스스로를 지키지 않으면 안 됩니다. 그래서 공부만이 살길이죠.

지나간 것은 잊어버려요

부부싸움을 할 때 가장 최악은 케케묵은 지난 이야기로 서로의 감정을 상하게 하는 것이다. 지난일들을 들춰내면서 "넌 항상 이런 식이었지"라고 상대를 비난한다면 상대방이 "아, 나는 항상 그랬구나"라고 인정할 것 같은가?

"그러는 너는~"이라고 하겠지.

지나간 매매에 미련을 두지 말라.

왜 샀을까? 왜 팔았을까?라고 생각하면서 후회하기보다는 후회스러웠던 그 매매가 다시 반복되지 않도록 고민하는 것이 훨씬 유리하다.

공감댓글

★ 중요한 것은 잊어버리고 쓸데없는 지나간 기억은 왜 날까요?

★ 싸우다 보면 옛날거가 튀어나오죠!! 주식아~ 싸우지 말고 친하게 지내자

 지난간 거 가지고 고민해 봤자 이득이 없어요.

더 단단해지려면...

쇠를 단단하게 만들기 위해서는 수차례에 걸쳐 불에 달구고 망치로 내려치는 작업을 반복해서 수행해야 한다.

주가도 크게 상승하려면 상승과 하락을 수도없이 반복해야 하는 경우가 많으니 추세가 우상향의 주식이라면 단기변동은 잘 참아내는 것이 유리하다.

공감댓글

★ 하도 맞아서 오르던 내리던 아픈 걸 못 느껴요~~
★ 난 이순신 장군의 명검이 될 거야^^ 덜 맞아서 호미가 됐지만…

더 강해지려면 수없이 많은 망치질을 견뎌야 한다.

한 골 넣으면 경기 끝나냐?

무슨 일이든 영원히 지속되는 것은 없다.

강하게 상승하는 주식도 영원히 오를 수 없고,
무섭게 하락하는 주식도 영원히 내릴 수 없다.

분위기에 휩쓸려서 끌려다니기만 한다면 계속 고통받을 수밖에 없다.
반전의 시간은 반드시 올 것이다.

공감댓글

★ 고맙다. 싸게 살 수 있게 만들어 줘서~
★ 4골은 먹은 거 같은디…

 파랭이 놈들 한 골 넣었다고 이긴 것 같냐?

바뀌지 않는 건 행동하지 않았기 때문

새해가 되면 사람들은 건강한 몸을 만들겠다고 다짐하면서 헬스장에 등록한다. 그런데 1월에는 북적대던 사람들이 하나, 둘씩 보이지 않다가 2월쯤 되면 대부분이 사라진다.

정말 신뢰하는 주식을 무슨 일이 있어도 끝까지 가지고 가겠다고 다짐해 놓고 단기간에 흔들리는 변동성에 매도버튼을 누른 적은 없는가?

간단한 다짐을 꾸준히 잘 실천하기만 해도 당신은 성공투자의 결과물을 받아 보게 될 것이다.

공감댓글

★ 그러게요. 아는데 생각만 하고 행동으로 실천이 힘드네요

★ 스승님의 이름은 맹자니라^^ 저는 노력하는 탱자입니다

알아도 못 하는 건 노력하지 않기 때문이죠.

그렇게 원하면 움직이라고!

복권에 당첨되고 싶었던 그 사람은 10년째 매일 기도를 했지만 당첨되지 않았다. 자신의 기도를 10년 동안 한 번도 들어주지 않는 그는 신을 원망했다. 그런데 그날 밤 신이 나타나 그에게 말한다.

"그러니까 당첨되려면 복권을 좀 사라고~"

좋은 주식을 사야 수익이 나는 것은 당연한 이치이다.

다시 말하면 주식으로 수익을 내고 싶은 사람은 좋은 주식을 사야 한다. 그리고 당신의 계좌가 손실이 나고 있는 것은 좋은 주식을 사지 않았기 때문이다.

공감댓글

★ 흠… 나는 신의 목소리를 듣는 건가~~

★ 그게 들리면 안 되는 거예요. ㅋㅋㅋ

★ 신이시여 감사합니다~ 귓밥을 파겠습니다^^

 신의 음성은 자체 묵음처리 중….

늦었다 생각했는데 달빛은 이제 시작이구나

밤이 되어 어두워지면 아무것도 할 수 없다고 생각할지 모른다.
하지만 밖에 나가 보라.
밤이 되면 달빛이 이제 시작되고 있음을 알 수 있을 것이다.

주가가 하락하여 큰 손실을 보게 되면 이대로 세상이 망할 것 같은 기분이 들게 된다. 그럴 때는 마음을 가다듬고 다시 잘 살펴보라.
바닥에서 상승을 준비하는 정말 좋은 주식들이 눈에 보일 것이다.

공감댓글
★ 형은(신데렐라) 나가 있어 죽기 싫으면… 고맙다 태식아
★ 저 신데렐라가 저이고 싶었으나 그건 꿈이었대요 ㅋ

늦었다고 생각 말자. 또 다른 빛은 이제 시작일 뿐이다.

희망은 두려움의 유일한 해독제

이별로 인한 상처는 새로운 사람을 만나면 치유가 된다고 한다. 실연의 상처
는 새로운 인연으로 치유하라는 이야기다.

투자의 손실에 대한 상처도 많이 아플 수 있다. 하지만 다시 투자를 하지 않
겠다는 그 굳은 맹세도 양봉캔들 앞에서는 녹아내린다.

하락장에서의 손실을 걱정하지 마라.

시장이 상승하면 모든 것이 좋아진다.

공감댓글

★ 양봉주사 30방 투약 좀 해 주세요

★ 성투병원 진료 끝났나요? 응급입니다 응급~ ㅠ.ㅠ

★ 고점몰빵매수 특효주사가 있다는 소문이~~

 아프다고요? 양봉주사 한 방이면 금방 나아요~

실수와 시련을 처방했으니 꼭 극복하세요

과거 북유럽의 어부들은 청어를 싱싱한 상태로 운반하기 위해 천적인 메기를 넣어 같이 운반했다는 이야기가 있다. 이는 과학적 근거가 없는 속설이지만 가혹한 환경이 오히려 발전의 원동력이 된다는 의미로 영국의 학자인 아놀드 토인비도 비슷한 말을 한 적이 있다고 한다.

상승장만 경험했던 사람들은 하락장에서 더 큰 고통을 느낀다. 하지만 수없이 많은 변동성을 경험한 사람들은 하락장에서 위협을 느끼기보다는 싼 가격에 살 수 있는 주식을 찾게 된다.

공감댓글

★ 성공의 강력한 처방은 실수와 시련이니라 ㅎㅎㅎ

★ 시련은 있어도 좌절은 없다

실수와 시련은 성공의 강력한 처방입니다.

이제 좀 뛰어넘을 만할까요?

어린 시절에는 높게만 보이던 초등학교의 담장이 성인이 된 지금 다시 보니 가슴께 정도밖에 오지 않는 높이였다.

고평가가 된 주식들은 이미 많이 올라서 추가적인 수익을 내기가 어렵다. 그런데 시장의 변동성 때문에 억울하게 주가가 하락한 주식들은 낮아진 가격 덕분에 매수에 부담도 적고 높은 수익을 올리게 될 확률도 높다.

공감댓글

★ 만만한 것들로 다~~

★ ㅎㅎㅎ 이제 달려 볼까요~^^

 이제 좀 만만해진 것 같은데….

지금이 불행하지 않은 이유? 다가올 기회가 많기 때문에

배가 고플 때 음식점에서 주문한 음식을 기다리는 일은 정말 힘든 일이다. 하지만 곧 맛있는 음식이 나올 것이라는 생각에 행복하지 않을까?
지금은 수익이 나지 않는 주식이라서 들고 있기가 힘들 수 있다.
하지만 그 주식들이 큰 수익을 돌려준다고 생각하면 지금은 행복한 시간이다.

공감댓글

★ 앗… 음식 주문하고 기다리는 시간이었군요… 잘 기다리겠습니다

★ 맛있는 거 먹으려면 기다릴 줄 알아야죠. 급한 성격이 문제네요

지금은 배고프지만 앞으로 먹을 게 얼마나 많다구요~

희망은 언제나 고통의 언덕 너머에서 기다린다

성공이라는 길은 언제나 포기라는 달콤한 유혹과 고통의 시간으로 포장되어 있다. 하긴 그게 쉬웠으면 성공한 사람들이 존경받을 이유도 없을 것이다.

주식투자로 수익을 내기 위해서는 제법 오랜시간을 기다려야 할 수도 있다. 그 시간은 고통스럽고 포기하고 싶은 순간이겠지만 잘 이겨 낸다면 결국 기대 이상의 수익을 만날 수 있게 될 것이다.

공감댓글

★ 지금의 힘듦이 저가매수의 기회였다는 것을 나중에 느끼게 될 때까지~

★ 전 중간즈음 어딘가에 있는거 같은데요… 지금 내려가면 허탈하겠죠?

 성공투자로 가는 길은 쉬웠던 적이 한 번도 없었다.

어항에서 월척이 나오겠어요?

남자들은 가끔(어쩌면 자주) DIY를 즐기곤 하는데 별로 효율적이지 못하다. 나도 작은 책장을 만들기 위한 재료를 5만 원에 구매하여 힘들게 조립을 했는데 인터넷에서 다 만들어진 책장을 4만 5천 원에 판매하는 것을 본 적이 있다.

투자에서는 가성비, 즉 기대수익률이 중요하다. 지금 매수한 가격이 얼마만큼 올라갈 수 있을지 반드시 고려하라. 오랫동안 고생하면서 보유한 주식의 목표주가가 겨우 5% 남짓이라면 얼마나 허탈하겠는가?

공감댓글

★ ㅎㅎㅎ 아빠는 사람 만들어 놓을게~ 완공!!입니다
★ 여보~ 월척잡아올게 배 한 척만 사주라. 이번이 마지막이야~
★ 절대 아빠들은 사람이 되지 않는다

월척을 잡으려면 바다로 가야죠~

두 번 속으면 자신을 탓하라

남의 이야기에 잘 흔들리는 사람을 팔랑귀라고 한다. 처음에는 사람이 좋아서 그런가 보다 하지만 두 번째부터는 바보 소리를 듣는다.

주식을 처음할 때는 온갖 뉴스와 리포트가 모두 진실이라고 느낄 수 있다. 그리고 시간이 지나면 그 정보들이 잘못되었다는 것도 알 수 있다.

처음에는 그럴 수 있다. 하지만 두 번째에는 정말 속으면 안 된다.

공감댓글

★ 나는 날마다 모든 면에서 점점 더 좋아지고 있다

★ ㅎㅎㅎ 성투사는 잘생겼다만 믿을게요~^^

 두 번째도 속으면 정말 안 되는 겁니다. 아시죠?

냄새가 나는 건 이유가 있다

예쁘게 포장된 선물상자를 열었는데 삐에로 인형이나 주먹이 튀어나오면 어떨까? 실망은 둘째치고 깜짝 놀라서 던져 버리고 말 것 같다.

예전에 모 상장회사의 임원을 만나 저녁식사를 했던 적이 있었다. 그때 회사의 비밀정보라면서 다른 데 가서 말하지 말라는 다짐과 함께 비밀 이야기를 들었는데 정말 귀가 솔깃할 정도였다. 집에 돌아와 기업분석을 해 보니 정말 그대로 된다면 이건 대박이다 싶었다. 조금 무리하여 매수를 했었는데 결과는 예상하시는 것처럼 -40%에서 손절했다. 지금 그 기업은 3번의 감자를 거쳐 그 당시 가격의 -96% 수준에서 거래되고 있다.

공감댓글

★ 열뚱쉬어~~~

★ 좋은 건 남에게 알려 주지 않는다

그거 정말로 선물 맞는 겁니까?

몰빵의 덫

도박 격언에 "지금 멈추는 것이 이기는 것이다."라는 말이 있다.
멈추지 않고 계속한다면 결과는 결국 가진 돈을 모두 탕진하게 된다는 말이다.

소위 몰빵투자로 투자를 도박처럼 하게 되면 100전 99승 1패 깡통이다. 100번의 싸움 중에 99번을 이겨 큰 부를 축적하였어도 한 번만 잘못하게 되면 가진 것을 모두 날리게 되는 것이다.

공감댓글
★ 몰빵치다 죽빵 맞는 거랬어요!!
★ 노름의 마지막은 한강이여~

 멈추지 않으면 결론은 똑같습니다.

쫄리면 제발 쉬어 가세요

요즘 고속도로에는 졸음쉼터라는 것이 있다.
휴게소의 기능은 아니지만 피곤할 때 잠시 쉬어 갈 수 있는 곳이다.

투자를 할 때 쉬지 않고 계속 매매를 하다 보면 잘 안되고 꼬이는 경우가 생
긴다. 그럴 때는 잠시 쉬면서 재정비를 하는 것이 좋다.
무리해서 계속하다가는 절대 좋은 결과를 얻을 수 없다.

공감댓글

★ ㅋㅋ 성투산맥으로 처음 보았다는… 상투산맥이네요
★ 가지도 쳐다보지도 않습니다

저길 넘어가려면 쉬엄쉬엄 가야 하는 거예요.
쫄리면 제발 쉬어 가세요.

머지 않아 꽃이 피면 좋겠다

아무리 척박해 보이는 땅이라도 씨앗을 심고 잘 가꾸면 푸른 녹지가 된다.

좋은 주식은 씨앗과도 같다.
긍정의 마음으로 잘 보듬고 데리고 가자.
그러면 당신의 계좌에도 꽃이 피고 열매가 열릴 것이다.

공감댓글
★ 씨앗 이름은 긍정!! 긍정과 희망으로 기다리렵니다
★ 천천히 가도 괜찮아~ 무럭무럭 자라거라

 세상이 바뀐 것은 작은 씨앗에서 시작되었답니다.

그게 왜 신나는 일이죠?

쓰지도 않는 물건을 버리지 못하는 사람들이 의외로 많이 있다.
나도 역시 쓰지도 않을 물건들을 잔뜩 모아뒀다가 아내에게 등짝스매싱을 맞고 재활용수거일에 눈물의 청산을 한 적이 많다.

쓰레기는 아무리 모아도 쓰레기에 지나지 않는다.
가끔 부실한 저가주를 몇만 주나 보유했다면서 좋아하는 사람들이 있는데 그런 거 몇만 주보다 비싼 우량주를 몇십 주 보유하는 게 훨씬 이득이다.

공감댓글
★ 돈 주고 버릴 거를 왜 샀을까요?
★ 쓰레기 고물상에 팔면 돈 건지겠네요 ㅋㅋ

쓰레기는 많이 모아도 쓰레기 아닙니까?

지금이 공부를 시작할 때

가끔 그 뜻이 왜곡되어 들리는 말들이 있는데 사실 알고 보면 좋은 말일 경우
가 많다.

악재나 공시라고 하더라도 다시 한번 잘 살펴보자.
어쩌면 괜찮은 기회를 얻을지 모른다.

공감댓글
★ 와따마~ 성투사님 천자문 천재! 웃다가 기절합니다
★ 천잰데?

 큰 성과는 가장 어려울 때 행한 것에서 비롯된다!!

독서를 통해 성공한 사람의 이야기를 들어라

내가 책을 읽는 가장 큰 이유는 지식을 습득하고자 함이 아니다.
나는 그 책의 주인공과 공감하고자 책을 읽는다.

우리가 책이 아니면 어디서 피터린치를 만나고, 어디서 워렌버핏을 만날 것
인가?

공감댓글

★ 전문가 말만 잘 들어도 성공할 거 같은디유? ㅋㅋ

★ 책도 중간에 어느정도 가늠이 된 사람이 읽어야지…

★ 주린이는 책 읽어도 인용을 못 해~

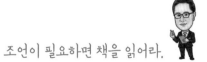

조언이 필요하면 책을 읽어라.

비싸게 샀다고 해서 잘못된 선택이 달라지지 않는다

그만한 가치가 있는 것도 아닌데 사람들이 선호하면 가격이 뛰는 물건들이 있다.

주식도 종종 그런 경우가 생기는데 왜 오르는지 모르지만 매수가 몰려든다. 높은 가격에 사면서도 왜 그 가격에 이 주식을 사야 하는지 모를 때도 많다. 그럴 때는 그 주식을 사지 않는 것이 정답이다. 효용가치가 없는 물건은 비싼 쓰레기일 뿐이다.

공감댓글

★ 과거 튤립버블, 현대의 코인버블이 생각나네요.

★ 천국은 저점에 있죠. 고점은 지옥입니다

 남들이 산다고 나도 사면 안 되겠죠?

스윙을 배워야 행운과 함께 홀인원이 된다

골프를 칠 때 필드에 사람이 있으면 절대 공을 쳐서는 안 된다.
이건 기본 중에 기본인데 이걸 모르고 공을 치면 당연히 퇴장감이다.

주식투자를 할 때도 가장 기본적인 것은 공부를 하고 시작하자.
돈을 벌겠다는 급한 마음으로 일단 주식부터 사고 보는 것은 후회만 남길 것
이다.

공감댓글

★ 역시 토마스 머리에 명중… 나이스샷

★ 요번엔 연기금 뒤통수에…

★ 야구인 줄…ㅋㅋ

일단 방법을 먼저 배워야죠.

당신은 어떤 그릇을 원하나요?

사람은 누구나 자기 밥그릇은 가지고 태어난다고 한다. 그리고 그 밥그릇의 크기는 성장하면서 더 커질 수도, 작아질 수도 있다.

같은 주식을 사더라도 큰 수익을 올리는 사람과 찔끔 수익을 내는 사람, 오히려 손절매도를 하게 되는 사람 등 결과는 천차만별이다.

분명 같은 주식인데 왜 결과가 다른 것일까?

공감댓글
★ 전 그릇을 빨리 키우고 싶네요^^
★ 음… 20년이면 나이가~~ 그래도 20년 30억 찜!

 가지고 있는 그릇만큼 돈이 담깁니다.

다 몰려들면 정체가 되죠

날씨 좋은 주말에는 고속도로가 주차장을 방불케 할 만큼 정체되기 일쑤다. 많은 사람들이 좋은 날씨에 휴일을 즐기기 위해서 나왔기 때문이다.

주식에 매수세가 몰리면 상승세를 타지만 과도하게 몰리면 오히려 오르지 못한다. 상승세가 가파르게 진행될수록 차익실현의 욕구가 커지기 때문이다. 따라서 유입되는 매수만큼 매도도 같이 진행되어 결국 상승이 멈추게 된다.

공감댓글

★ 바글바글하구먼~

★ 저는 차 많은 곳 안 가려구요~ 이젠 사람 많은 곳도 그닥이에요 ㅎ

몰려들면 멈출 수밖에 없어요.

주식장에 묵어가는 손님들

여행 중에 묵는 고급호텔에는 수많은 사람들이 있다.

호텔에 처음 온 사람도 있겠지만 출장 등의 이유로 자주 드나드는 사람도 있다.

주식시장은 어떨까?

초보투자자와 전문투자자, 즉 하수와 고수가 모두 한공간에서 주식을 사고판다. 그래서 초보투자자들은 항상 조심스럽게 겸손한 마음으로 투자를 해야한다.

공감댓글

★ 저기 있는 선수들 사이에서 살아남을 확률은 0.01%!

★ 그러나 나는 살아 있다! 리포트랑 오빠는 믿지 마세요 ㅋㅋ

 자본주의 최고의 숙박업소!
주식장~ 거기에는 주린이만 있는 게 아니에요.

그러니까 뭔데?

외국에서 재미있는 실험을 한 적이 있다. 길을 걷던 도중 실험자들 몇 명이서 하늘을 올려다보자 지나가던 다른 행인들도 같은 방향을 한참이나 바라보았 다는 것이다. 재미있는 것은 시간이 갈수록 더 많은 사람들이 아무것도 없는 하늘을 올려다보았다고 한다.

주식투자에서는 고독한 늑대가 되어야 한다고 했다. 군중들과 함께 휩쓸리다 보면 왜 사야 하는지도 모를 주식을 매수하게 될 것이다.

공감댓글
★ 개까지⋯ 보긴 보는데 뭐징?
★ 뭐 별거 없어~~ 군중심리연구소 앞 그게 힌트야 ㅋ

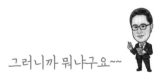

그러니까 뭐냐구요~~

이거 좋은 집 맞나요?

가끔 부동산에 주변 시세보다 싸게 나오는 집이 있다. 그럴 때는 사정상 급매일 경우도 있지만 무언가 하자가 있을 가능성이 더 높다.

연일 좋은 뉴스가 나오고 고공행진을 하던 주식을 외국인이나 기관들이 하루가 멀다하고 팔아치운다면 반드시 의심해야 한다. 주식이 얼굴을 바꾸는 것은 중국의 경극인 변검보다 더 속도가 빠르다.

공감댓글
★ 와~ 리모델링 비용이 ㅠㅠ 그래도 땅은 탐나네요 ㅋㅋ
★ 두껍아 두껍아 헌 집 줄게~ 강남아파트 다오~

 걔들은 왜 그걸 버리고 갔을까?

그러니까 그거 별거 없는데 말이죠

큰 목표도 잘게 나누어서 실천하면 누구나 이룰 수 있다. 문제는 그것을 꾸준하게 이어 갈 수 있느냐의 문제이다. 꾸준히 하기 어렵다면 6년 동안 돈을 모아서 1년 동안 비행기를 타고 지구를 돌아라. 물론 6년 동안 돈을 꾸준히 모을 수 있다면 당신은 7년 동안 걸어서 지구를 한 바퀴 돌 수 있는 사람이다.

1년에 10%의 수익을 꾸준히 올리는 것은 어려울 수 있다.
하지만 5년에 100% 수익을 올리는 것은 생각보다 어렵지 않다.

공감댓글
★ 10년 잡고 꾸준히~ 주식거래~ 감사합니다
★ 이제 한 바퀴만 더 돌면 천국이 나오겠죠?

그렇게 하면 되긴 하는데…
마지막까지 살아남은 사람은 얼마 없죠.

용기란 무모함이 아니라 좋은 때를 기다리는 것이다

압력밥솥이 처음 세상에 나왔을 때 증기를 배출하지 않고 뚜껑을 여는 사고가 많았다. 그때는 익숙하지 않아서 일어난 사고이지만 지금은 조급한 마음에 뚜껑을 열어서 사고가 되는 경우가 대부분이다.

초보때는 모든 것이 새롭고 어려워서 실수가 많고 참을성도 부족하다. 하지만 주식투자를 어느 정도 했다면 때를 기다려서 사고팔 줄 알아야 한다. 계속 조급해한다면 초보 때의 실수를 계속 반복하게 될 것이다.

공감댓글

★ 밥 다시 해요. 물 끓으면 약불로 10분 뜸들여요~ 나도 안다 ㅋㅋ

★ 급하다고 서두르다 뻥하는 생각만 해도 OMG

★ 그리 쉬운 걸… 왜 주식에는 적용이 안 될까요?

서두르지 마세요. 다 때가 있는 법입니다.

그러다가 아무 데도 못 갑니다

여행을 떠날 때 이삿짐 수준으로 짐을 싸는 사람들이 있다. 혹시 이럴지 몰라서, 혹시 저럴지 몰라서라는 이유로 밤새 짐을 싸지만 정작 여행지에서 사용한 것은 작은 가방 하나였다.

너무 많은 변수를 고려하면 주식 매수를 하기가 어려워진다. 적당한 지지선과 목표가를 정했다면 그냥 매수하라. 이것저것 따지고 있다가 주식이 올라가 버리면 후회만 남는다.

공감댓글
★ 그러다가 아무 데도 못 갑니다. 실천이 중요하죠~~
★ 제 이야기하시는 줄~~ㅎ

지금은 실행하는 것이 중요해요.

오늘 하지 않았는데 내일?

숙련된 정비공도 크게 파손된 자동차를 수리하는 데는 오랜 시간이 필요하다. 하지만 이런저런 핑계를 대면서 일을 미루게 되면 결국 수리에 필요한 시간이 늘어나게 되고 고객에게 신뢰를 잃게 된다.

기업분석과 차트분석은 매우 귀찮은 일이다. 하지만 오늘 해야 할 것을 하지 않으면 내일은 아무것도 할 수 없다.
분석이 되지 않은 기업을 매수할 수는 없지 않은가?

공감댓글

★ 맞습니다~ 언제나 지금, 바로, 여기에서 롸잇나우!!

★ 미루면 아무것도 하지 못한다

 오늘이 바뀌지 않는데 내일은 어떻게 바뀔까요?

쓰러지지 않으면 이기는 거야

1977년 11월 WBA Jr. 페더급 초대 챔피언이 탄생했다. 이 챔피언은 4번이나 다운당하고도 일어나 역전 KO 승을 이뤄 낸다. 대한민국에게 큰 희망을 주었던 복싱의 홍수환 선수 이야기다. 쓰러지지 않으면 결국 이기는 것이다.

투자로 인한 손실이 감당이 안 되어 포기하고 싶을 때가 있을 것이다. 그런데 내가 제대로 된 분석을 하였고 기업도 아무 문제가 없다면 포기하지 말고 기다려라. 그런 기업은 어떻게든 다시 회복된다.

공감댓글

★ 내돈내산~~ 슉슉슉 이번에는 내 차례다

★ 나는 신용이 없다구(O) 몰빵이 아니라구(X), 고점매수도 없다구(X)
　두 개나 해당된 저는 KO패? 노노~ 절대 쓰러지지 않습니다

아무리 때려도 쓰러지지 않으면 이기는 거야.

이제 더 못 내려갑니다

유행하는 노래 중에 "계단 말고~ 엘리베이터~"라는 가사가 있다. 어렵게 가지 말고 쉽고 빠르게 가라는 말이다.
하지만 아쉽게도 주식투자에는 엘리베이터가 없다. 더 내려갈 수 없이 바닥에 도착한 주식은 내려올 때와 비교하면 터무니없을 정도로 천천히 상승한다.

이럴 때 투자자들은 빨리 가려고 하지 말고 천천히 계단을 따라 올라가야 한다. 계단도 한 발 한 발 오르다 보면 결국 꼭대기층에 다다를 수 있다.

공감댓글
★ 아 진짜~ 살아 있으니 올라가긴 올라가네~ 팔로우 미
★ 엘리베이터로 내려오고 올라갈 때는 계단인가? 씨~빨로미!!

 엘리베이터 없어요~

좀 늦게 도착하면 뭐 어때요?

어느 마라톤 경기는 참가 비용이 너무 비쌌다. 하지만 완주를 한 사람에게는 참가비용을 모두 돌려주고 푸짐한 경품도 줄 것을 약속하였다. 그러자 놀랍게도 참가했던 모든 사람이 결승선에 골인하였다.

투자는 모두에게 상품을 주는 마라톤과 같다. 조금 늦더라도 결승선까지만 가게 되면 수익이라는 보상을 얻게 된다. 대신 중간에 포기하면 경기에 참가한 비용을 톡톡히 지불해야 할 것이다.

공감댓글

★ 포기하면 비용부담! 끝까지 가는 거야

★ 1등만이 1등이 아니라는… 걸어서라도 결승점까지 가렵니다

1등부터 꼴찌까지 모두 상품이 있지만
포기하면 비용부담만…

깊은 맛은 오래 묵혀야 해요

맛있는 장은 오래 묵히는 것이 비결이라고 한다.
충분히 숙성되고 발효가 되어야 깊은 맛이 나오는 것이다.

주식투자로 큰 수익을 보려면 오래 기다려야 하는 것은 기본이다.
빠른 시간 안에 돈을 벌고 싶어서 단타매매를 하던 사람들은 우리 곁에 오랫
동안 머무르지 못했다.

공감댓글

★ 기다림이 힘들어 매도하고 싶었지만 덕분에 꾹 참았어요

　효성중공업 반토막 되었다가 매수가를 지나왔네요. 정말 감사합니다

★ 백번천번 맞는 말씀^^ 며느리도 안 가르쳐 주시는 법을…ㅋㅋ

 그냥 기다리면 되는데 그게 참 어렵죠?

자꾸 해 보면 그걸 할 수 있게 됩니다

에디슨은 백열전구를 발명하기까지 수없이 많은 실패를 거듭하였다. 하지만 계속되는 도전으로 결국 발명을 성공적으로 이루어낸다. 에디슨은 성공하지 못한 것들조차 "성공하지 못하는 방법 발견"으로 정의했다.

주식투자를 한두 번 해 보고 안 된다고 포기하는 것은 정말 나약한 마음이다. 적은 돈으로 1주씩이라도 주식을 매매하라. 그 횟수가 누적되어 쌓일수록 당신이 투자로 성공할 확률이 높아진다.

공감댓글

★ 다시금 겸손해지고 좀 더 진득하게 존버 들어갑니다
★ 자꾸 해 보면 알아야 하는데 가끔 깜빡해 욕심부려 고생해요

자꾸 해 보면 됩니다. 그러면 그걸 할 수 있게 될 거예요.

한 걸음씩 가다 보면 목적지에 도착한다

어떤 위대한 등산가가 높은 산의 등반에 성공하자 기자가 물었다.
"어떻게 그 높은 곳을 성공적으로 등반할 수 있었습니까?"
"그냥 한 발 한 발 걸어서 올라갔는데요?"

주식투자로 오랫동안 꾸준히 수익을 낸 사람들에게 수익의 비결을 물어보라.
그럼 이렇게 대답할 것이다.
"좋은 주식을 꾸준히 사서 모았죠."

공감댓글

★ 한 땀 한 땀 힘들게 올라가는 거죠. 결국에는 목표에 도달할 거예요

★ 다음 등정은 안나푸르나로 잡으시죠

간단해요~ 한 발 한 발 올라가는 거예요.

각자의 입장

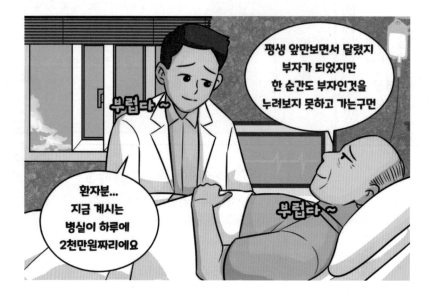

평생동안 돈을 모아서 큰 부자가 된 노인은 죽을 때가 되자 일만 했던 삶을 후회했다. 하지만 그를 돌보던 의사는 거금을 들여 최상의 의료서비스를 받는 노인이 부럽다.

고작 100%의 수익률을 올린 당신은 1000%의 수익률이 너무 부럽다. 그런데 손실에 허덕이는 다른 투자자는 100%의 수익률이 너무 부러울 따름이다. 최선을 다했다면 욕심내지 말고 부러워하지 말자.

공감댓글
★ 시장을 대하는 마음가짐을 생각합니다
★ 저는 성투사님이 부러워요~ 주식의 신이잖아요^^

 지금의 나를 부러워하는 그 누군가를 생각해 보세요.

지난 잘못들의 보복

남자에게 버림받은 여자가 극단적인 선택을 하자 여자의 오빠는 남자에게 총을 쐈다. 하지만 그 총알은 남자를 비켜가 남자의 집 마당 나무에 박혀 버리고 말았다. 세월이 흘러 20여 년이 지난 어느 날 남자는 마당정비를 위하여 나무를 베려고 했는데 전기톱이 나무를 파고든 순간 박혀 있던 총알이 남자의 심장을 꿰뚫었다. 거짓말 같겠지만 외국에서 있었던 실제 이야기다.

그동안 투자를 하면서 해 왔던 고점매수나 신용, 미수, 추격매수 등의 잘못들은 세월이 지나고 나면 당신의 계좌를 좀먹는 벌레가 되어 있을 것이다.

공감댓글

★ 고점매수 추격매수 15년 전에 많이 했었는데…

★ 요즘은 개도 안 물어 가는 주식을 찾고 있네요

★ 저런 건 죽는 거라고 늘 말씀해 주시잖아요

지난 잘못은 어떻게든 복수를 한답니다.

최악의 실수는 아무것도 하지 않는 것이다

마음에 드는 이성이 있는데도 거절당할까 봐 두려워 말도 붙이지 못한다면 그 사람과 이어질 확률은 거의 없다고 봐야 한다.

실수가 두려워서 매수를 망설이고 있다면 지금 당장 매수하라. 실수는 실패가 아니다. 많이 겪어 보고 극복할수록 내가 발전하게 되는 성공의 도구인 것이다.

공감댓글

★ 행동하지 않으면 아무일도 일어나지 않는다! 늘 감사합니다

★ 에고, 저 아저씨 걱정이 많네… 저랑 같이 방송 들어보아요

 실수할까 봐 실행하지 않는 것이 제일 큰 실수입니다.

그렇게 하지 못했던 사람의 조언은 들을 필요가 없다

뚱뚱해서 비만인 사람이 살빼는 조언을 해 준다면 어떨까?

계산을 매일 틀리는 사람이 수학과외를 해 준다면 어떨까?

조언은 그것을 성공적으로 할 수 있는 사람에게 들어야 하는 것이다.

머리가 깨졌을 때 된장을 바르지 말고 의사에게 가야 하는 이유가 그것이다.

주식투자로 매번 손실을 보는 사람의 조언은 듣지 마라.

그 사람보다 당신이 오히려 더 투자를 잘할지도 모른다.

공감댓글

★ 성공한 사람만이 성공하는 법을 알고 있다는 말씀 공감합니다

★ 성투사의 조언은 진심 꿀~~이었다는…

필요한 조언은 성공한 사람에게 들어야 해요.

빠른 성과의 비결은 오랜 준비과정이었다

하루 동안 나무 100그루를 베어 내라는 오더가 떨어졌다. 수많은 나무꾼들이 도전했지만 목표를 달성한 나무꾼은 단 한 명뿐이었다. 그 비결을 묻자 나무꾼은 말했다. "반나절 동안 도끼날을 갈았어요."

사전준비가 잘되어 있으면 업무를 수행함에 있어서 막힘이 없다. 주식을 사야 하는데 분석이 안 되어 있다면 매수포인트를 잡아내기 어렵다. 결국 다시 분석을 해서 주식을 매수하려고 하면 주가는 이미 많이 올랐을 것이다.

공감댓글

★ 선녀는 어디 있나요?

★ 오늘 도끼가 날 잡았네요. ㅋㅋㅋ

 빠른 성과처럼 보이지만 엄청난 준비가 필요하죠.

비관은 마이너스를 찍어내는 사진관이다

기쁨은 나누면 배가 되고, 슬픔은 묻어놓고 다함께 차.차.차라는 말이 있다.
긍정의 생각은 긍정적인 결과를 계속 생산해 낸다.
하지만 부정적인 생각을 하면 점점 불행해질 것이다.

시장을 비관적으로 보는 것은 투자에 도움이 되지 않는다.
시장이 나쁘다면 주식을 접고 다른 일을 해야 하지 않겠는가?
지금은 안 좋을지 몰라도 경제는 결국 회복된다.
그리고 나쁜 시기를 긍정의 힘으로 이겨 낸 당신은 좋은 보상을 받게 될 것이다.

공감댓글

★ 긍정은 부정을 밀어낸다. 오늘도 감사합니다

★ 언제부터인가 마인드에서 부정은 없어졌어요~ 아예~

부정적인 생각은 계속 네거티브를 찍어냅니다.

닫힌 문을 보느라 열린 문을 못 보셨나요?

기회는 항상 다른 문을 열어 둔다고 한다. 그런데 사람들은 이미 닫혀 버린 문 앞에서 아쉬워하며 열려 있는 문을 보지 못한다.

당신이 놓쳐 버린 주식을 보면서 아직도 아쉬워하고 있는가?
하지만 아쉬워한다고 해서 달라질 것은 아무것도 없다.
그 시간에 더 좋은 기회를 제공해 줄 새로운 종목을 찾아라.

공감댓글

★ 두드리면 열릴 것이다

★ 무지개 門 입성 감사합니다

 닫힌 문이 다시 열리기를 기다리지 마세요.
지금 열려 있는 문이 있어요.

실패했다면 포기하지 말고 경로를 다시 탐색하세요

나와 같은 길치는 처음 가는 길은 무조건 한 번 정도 경로이탈을 한다. 하지만 그때마다 네비게이션은 목적지로 가는 새로운 길을 친절하게 안내해 준다.

투자를 하다 보면 잘될 때도 있고 안될 때도 있다.
이번에 잘 안되었다고 해서 실망하지 말고 새로운 경로를 찾아라.
어쩌면 새로운 경로에 더 좋은 주식이 기다리고 있을지도 모른다.

공감댓글
★ 3여자 말을 잘 들어야 성공한다 했줘? 엄마, 마누라, 네비게이션~
★ 경로를 쌤에게로 직진입니다

성공이라는 목적지에는 수많은 실패의 경로가 존재하죠.

똥 묻으면 돈이 아닌가요?

길을 걷는데 개똥이 묻은 5만 원권 지폐를 발견했다면 어떻게 할 것인가? 나라면 당연히 냉큼 주워서 깨끗이 닦은 다음 소중히 사용할 것이다.

더러운 것이 묻었다고 해서 화폐의 가치가 떨어지는 것은 아니듯이 주가가 좀 내렸다고 해서 좋은 기업이 나쁜 기업으로 바뀌는 것은 아니다. 오히려 좋은 기업의 주가가 내렸다면 싸게 매수할 수 있는 기회가 아니겠는가?

공감댓글

★ 주가가 내렸다고 내 주식 수가 줄어드는 건 아니니까요

★ 성투 가라사대! 돈으로(5만 원권) 똥 닦는 날이 올 것이다

★ 드러버도… 돈은 돈이죠^^ㅋㅋ 닦아서 주식 사야죠

 똥이 묻어도 화폐가치가 변하지 않는 것처럼
주가가 좀 내렸다고 기업가치가 변하지 않아요.

살아남은 사람들의 공통점

성공한 사람들에게는 공통적인 특징이 있다.

긍정적이고, 부지런하며, 희망적인 생각을 하고 있다는 것이다.

주식투자로 성공한 사람들의 특징도 크게 다르지 않다.

인내와 긍정, 철저한 분석과 신뢰가 그것이다.

성공한 사람들과 같은 공통점을 갖출 수만 있다면 당신도 성공할 자격이 있다.

공감댓글

★ 신용, 미수, 음지, 지하돈 저승사자 같아요

★ 전 김긍정이에요~

살아남은 사람은 이유가 있었죠.

지금은 스마트 해 보이지만 제일 멍청한 짓이다

주식을 사놓고 HTS를 하루종일 들여다보면서 화를 냈다가 웃었다가 한다면
당신은 세상에서 제일 쓸데없는 짓을 하고 있는 것이다.

내가 소리치고 기도한다고 해서 주식이 올라가는 것은 아니다.
그냥 믿고 내버려 두면 스스로 알아서 잘 올라 줄 것이다.

공감댓글

★ ㅎㅎ 내부자정보! 최근에야 사기라고 깨닫다니 저는 어리버리입니다

★ ㅋㅋ ㅁㅊㄴ

★ 눈 잘 보이고, 손꾸락만 멀쩡해도 나이 먹어도 할 수 있는 평생직업

 애쓰지 마세요. 놀아도 되는 게 주식투자입니다.

그러면 그쪽으로 가지 마세요

과거의 대관령고개는 정말 운전하기 쉽지 않은 곳이었다. 운전이 초보였던 시절 동해에 갔다가 대관령 때문에 집에 돌아오지 못할 뻔했다.

변동성이 큰 구간은 종목이 보통 바닥이거나 상투일 때 나타난다.
그런데 이 구간에서는 종목의 등락이 심하고 심리적인 압박이 크기 때문에 초보투자자나 빚투를 하는 사람들은 견디기가 매우 어렵다.
심리적인 압박에 시달릴 것 같다면 머리와 꼬리는 자르고 몸통만 먹도록 하자.

공감댓글

★ 몰랑~ 달리고 보는거 ㅋㅋ 오빵 쭈~~욱 달려~

★ 오빵은~ 어디 오빵이여~ 죽빵 맞는다~

★ 오빵~ 거기가면 죽빵 맞어~ 차 돌려~ 롸잇나우~

초보들은 저런 데 가는 거 아니에요.

정답은 정말 간단한 거예요

질문을 해 놓고 자기 이야기만 계속하는 사람이 있다.

과연 조언을 들으려고 하는 것인가, 동의를 얻고자 함인가?

가끔 투자에 대한 고민을 상담하게 될 때가 있는데 대부분은 투자손실에 대한 고민이며 어떻게 하면 수익이 날 수 있을까?이다. 정답은 사실 간단하다.

"지금처럼 해서 손실이 난 것이니 지금처럼만 안 하면 된다."

그런데 대부분의 사람들은 지금처럼 계속하면서 수익을 내려고 하니 문제가 된다.

공감댓글

★ 잘 들어 편안합니다^^ 제발 말 좀 들으세요

★ 성투사님의 말은 인생의 진리다

 말을 하면 좀 들어주면 안 될까요?

최강자도 피곤할 때가 있죠

니체는 이렇게 말했다.

"최강자도 때로는 피곤할 때가 있다."

아무리 강한 추세의 종목이라도 결국에는 랠리가 끝나고 조정을 받는다는 것이다. 조정 이후에 다시 상승하게 되더라도 상승 후 조정은 필수다. 그리고 안타깝게도 초보투자자들은 조정 바로 전에 가장 많이 매수하며, 상승 바로 전에 가장 많이 매도한다.

공감댓글

★ 꿈속에서 성투사님을 만나고 대화를 했어요. 로또 사야 하나요?

★ 여기까지 하고 내려와야죠. 욕심부리면 마이 아파요

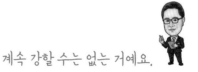

계속 강할 수는 없는 거예요.

굳이 하겠다는 것이 문제

옛말에 긁어 부스럼이라는 말이 있다. 별일 아닌 일을 공연히 크게 벌여서 상황을 악화시킨다는 의미이다.

투자는 여유자금으로 하는 것이 좋다. 그리고 초보투자자들은 안전한 우량주로 꾸준한 수익을 올리는 것이 좋다. 단기수익에 욕심이나 빚을내고 급등주를 따라다니면 계좌가 금방 박살이 날 것이다.

공감댓글

★ 시장과 싸우지 말자. 굳이 안 해도 되면 기다려 주자

★ 성투사님 덕분에 주식시장 떠나지 않고 있습니다

 안 해도 되는 거면 그냥 하지 말아요.

단순히 겪어 봤다고 모두 경험이 되는 건 아니죠

한 번 해 봤기 때문에 다시 하면 잘할 수 있다는 생각은 위험하다. 완벽하게 숙지하지 않으면 똑같은 실수가 아니더라도 결과는 같을 수밖에 없다.

잘못된 매매로 손실을 본 경험이 있었던 사람이 같은 방식을 고집한다면 다음번 매매에서 또다시 손실을 볼 수 있다. 시장의 변수에 따른 억울한 손실이라면 곧 회복을 해 주겠지만 비슷한 실수로 손해를 보고 있는 것이면 다시 손실을 볼 수밖에 없다. 고점매수로 손실을 보았는데 다시 고점매수를 하는 것은 수익을 포기한 행동이다.

공감댓글

★ 어떡하긴… 똥인지 찍어먹어야지… 에헴

★ 얼마나 겪어야 알게 될까요? 저의 어리석음을 표현한 것 같아요

겪어 봤다고 다 경험을 얻는 것은 아니죠.

개와 늑대의 시간

당신을 기다리는 강아지일까?
아니면 당신을 공격하려는 늑대일까?

개와 늑대의 시간이라는 것이 있다. 해질녘이 되어 어둑어둑해지면 내가 기르는 강아지인지 당신을 공격하기 위한 늑대인지 구분이 가지 않는다는 의미이다. 시장이 외부변수로 인하여 조정을 받게 되면 대부분의 종목이 하락한다. 이 때는 좋은 주식과 나쁜 주식이 모두 하락하게 되어 좋고 나쁨의 구분이 사라진다. 그럴 때는 시장이 오를 때까지 기다려라. 시장이 다시 오르는데도 계속 하락하기만 한다면 그 주식은 나쁜 주식이다.

공감댓글

★ 저점천국은 사랑스러운 강아지의 시간, 고점지옥은 늑대의 시간

★ 좋은 것과 나쁜 것! 나쁜길로 가면 늑대 만나겠죠

★ 단풍아~ 같이 가자^^

 시장이 조정할 때는 좋은 것과 나쁜 것의 구분이
안 가는 법이죠.

비관과 낙관! 그들은 찾는 것이 다르다

어떤 사람은 기회가 많이 주어졌음에도 그 속에서 위기만을 찾아내고 어떤 사람은 위기의 상황 속에서도 기회를 찾아낸다.

시장이 상승할 때 하락하는 종목만을 매수하는 사람이 있는가 하면 시장이 하락할 때도 상승하는 종목만을 매수하는 사람이 있다.

두 사람의 차이점은 시장에 어떤 마인드로 접근했는가일 것이다.

공감댓글
★ 위기 속에서 기회가 있다! 오늘도 긍정의 힘으로~~
★ 개인의 심리를 역행하는 주식시장

어디서 무엇을 찾을 것인지는 여러분의 자유!!

밖에 나가지 않으면 안 추워요

남자는 젓가락을 집을 힘만 있어도 끊임없이 이성에 관심을 보인다고 한다. 본능의 힘이 무섭다는 이야기겠지만 다르게 생각하면 최소한의 힘으로 관심사에 흥미를 잃지 않을 수 있다는 의미가 될 수도 있다.

주식투자의 가장 좋은 장점은 정년이 없는 평생직업이 될 수 있다는 것이다. 워렌버핏도 90세가 넘었지만 여전히 주식투자를 하고 있다. 그리고 더 좋은 것은 나이가 들고 경험이 많아질수록 수익도 커진다는 것이다.

공감댓글
★ 공감백배입니다. 출근압박감과 상사의 두려움, 동료 간의 불화도 없고…
★ 저는 아침에 황제펭권처럼 걸어서 출근했습니돠~~

 주식이 얼마나 좋은 거냐면 말이죠~

엉뚱한 곳으로 가면 큰일나요!!

어떤 남자가 볼일이 너무 급해 황급하게 화장실에 들어갔는데 잘못하여 여자 화장실에 들어가게 되었다. 급한 볼일을 해결하기는 하였지만 그 후로도 한참 동안 나오지 못했다고 한다.

잘못된 매매는 정말 위험하다.
투자금이 반토막나는 경우도 허다하며, 회복하는 데도 오랜 시간이 걸리기 때문이다. 아무리 급해도 잘 살펴보고 들어가자

공감댓글

★ 정신 똑바로 차리고 가요. 잘못 가면 반토막ㅠㅠ

★ 남자는 핑꾸~~~쥐 ㅋ ㅎㅎ

★ 남자는 태어나서 3가지를 조심해야 한다. 술, 노름, 여자화장실

제대로 가지 않으면 반토막… ㄷㄷㄷㄷ

꿈을 꺾는 것은 주변의 충고

내가 더 발전하기 위해서는 주변의 조언이나 충고가 필요할 수 있다. 하지만 너무 많은 충고를 따르다 보면 도리어 일을 그르치기가 쉽다. 사공이 많으면 배가 산으로 가는 법이다.

투자를 할 때 전문가들의 조언은 반드시 필요하다.
하지만 그것을 나에게 맞추어 내것으로 소화하지 않으면 안 된다.
맞지 않는 옷을 입고 거리로 나가면 웃음거리가 되는 것은 나 자신일 뿐이니까.

공감댓글

★ 주변의 말들에 회유당하지 말자

★ 뚝심으로 굳게 나아가겠습니다. 좋은 일이 생길 것 같아요

 주변의 충고가 어쩔 때는 더 힘들어요.

성공은 탈출이 아니라 변화다

감옥에 갇혔던 죄수가 탈출을 위하여 숟가락으로 땅을 파다가 잡혔다. 그러자 이번에는 다시 포크로 땅을 파기 시작했다.

그 열정에는 찬사를 보내지만 실패의 이유는 도구가 아닌 땅을 파는 것이 문제인 것을 알아야 한다.

급등주나 테마주로 손실을 본 사람들은 복수라면서 다시 급등주를 매매한다. 운좋게 수익이 날 수도 있겠지만 대부분은 더 큰 손실을 보게 된다. 그 방법이 통하지 않았다면 다른 방법을 써야 한다.

공감댓글

★ 성공은 탈출이 아니라 변화다! 백퍼 공감!!

★ 헉 제 모습… 강력한 테마주를 찾고 있었는데…

탈출을 하려면 바뀌어야지요.

나누어라, 욕심내서 죽는 거다

백설공주는 사과할머니가 준 사과를 혼자 다 먹고 싶었다. 결국 과식으로 정신을 잃은 백설공주는 지나가는 왕자의 하임리히법으로 사과를 토해 내고 나서야 기적적으로 살아날 수 있었다.

말도 안 되는 이야기지만 주식투자자는 이런 사람들이 많다.
보유종목들을 골고루 추가매수해서 평균매매가격을 다운시켜 줘야 하는데 욕심나는 한 종목에 몰빵하여 다른 종목들도 회복이 안 되고 몰빵종목은 손실이 크다.

공감댓글

★ 종목 몰빵 금지, 매수도 항상 분할매수 하겠습니다~

★ 몰빵은 지옥~~ 독이 든 달콤한 사과는 NO!!

욕심 때문에 몰빵하지 마세요.

길이 보이지 않으면 앞서간 사람들을 따라가라

등산한 지 얼마안 된 시절에 유명산과 용문산을 연계산행하는 코스를 갔던 적이 있다. 거리가 제법 멀어서 많이 힘들었는데 그때마다 마주치는 사람들이 "다 왔어요!", "저 앞이 정상이에요."라고 말해 주었다. 그리고 그때부터 40분 정도를 더 가서야 정상에 도착할 수 있었다.

등산객들은 모두 거짓말쟁이라고 속으로 외쳤는데 이제는 나도 거짓말을 한다. 오르는 길이 힘들고 지친다고 해서 되돌아갈 수도 없는 것 아닌가? 그렇다면 더 힘을 내서 목적지에 도착하는 것이 최선의 선택이다. 길이 보이지 않으면 먼저 간 사람의 뒤를 따라가라. 그리고 힘들면 다 왔다고, 이제 저 앞이라고 스스로에게 말해 주자.

공감댓글
★ 성투사님 배낭 끝 잡고 잘 따라가겠습니다
★ ㅅㅂ 누가 발자국 지웠어?

따라가다 보면 도착해요. 이제 진짜 다 왔어요.

욕심은 항상 불만을 만든다

매사에 불만인 사람이 있다.

좋은 일이 있어도 불만이고, 나쁜 일이 있다면 더 불만이다. 남 탓을 하고 남과 비교를 하는 사람들인데 그들은 결코 행복해질 수 없다.

작은 수익이라도 감사하면 다음에 더 큰 수익을 볼 수도 있지만 불만을 가지게 된다면 더 큰 수익을 위하여 다음에는 욕심을 부리게 된다.

최선을 다했다면 당신은 할 수 있는 최고의 매매를 한 것이니 불평하지 말자.

공감댓글

★ 우리가 행복하지 못한 이유는 가진 것을 망각하고 없는 것을 탐하기 때문!

★ 욕심 욕망 조급함 버릴 수 있습니다~ (주)성투스님

 뭘 해도 불만이면 그냥 아무것도 하지 말아야죠.

성공하지 못하는 이유

섬에서 배가 끊긴 채로 한방에 하룻밤을 보내게 된 연인이 있다. 여자는 남자에게 절대 선을 넘어오지 말라고 하였고 남자는 약속을 지켰다. 다음 날 남자는 알 수 없는 이유로 이별을 통보받았다.

주식투자를 하게 되는 것은 원금손실에 대한 위험이 있어 두려운 일이다. 하지만 투자를 하지 않으면 당신은 절대 부자가 될 수 없다.
지금 당신을 막아선 그 선을 넘어라.
부딪혀서 하고 나면 설사 실패하더라도 속은 후련하다.

공감댓글
★ 긍정의 힘! 넘어가서 부딪혀 보죠^^
★ 안 넘어가면 짐승보다 못한 넘 아닌가요?^^ㅋㅋ

그냥 넘어가야죠. 뭘 고민하고 있지?

안 보이면 선글라스를 벗어라

색안경을 끼고 본다는 말이 있다.

어떤 대상에 대해서 이미 편견을 가지고 본다는 의미로 쓰이는데 그렇게 색안경을 끼고 본다면 그 대상의 본질을 절대 볼 수 없다.

좋은 주식을 못 찾을 거야, 나는 주식으로 수익을 낼 수 없을 거야!

이런 말은 당신의 주식투자에 하나도 도움이 되지 않는다. 할 수 없다는 말을 지우고 할 수 있다는 생각으로 무장하라. 그러면 좋은 주식과 수익이 보일 것이다.

공감댓글

★ 썬그리 다 버려야겠네요…

★ 주식을 옳게 바라보는 눈을 가리는 선글라스를 빨리 없애야 할 텐데…

 안 보이는 게 아니라 못 보는 거예요.

꺼지지 않아야 꾸준할 수 있다

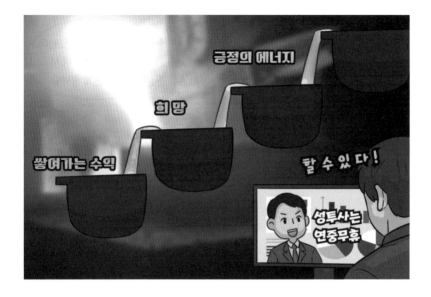

처음에는 주먹만 했던 눈덩이가 비탈을 구르다 보면 집채만 하게 커진다. 이것을 스노우볼 효과라고 부른다. 복리투자에서 많이 활용되는 말인데 보잘것없어 보이는 것도 쌓이면 커지게 되어 있다.

아이의 계좌에 매달 15만 원을 입금하여 주식을 사 주었더니 첫해에는 겨우 190만 원 정도밖에 되지 않았다. 그런데 5년여가 지난 지금은 1600만 원이라는 큰 투자금이 되었다. 그리고 아이는 이제 겨우 중학교에 입학했다. 사회에 나갈 때 즈음이면 투자금은 얼마나 커져 있을까?

공감댓글

★ 안 되면 되게 하라~ 될 때까지 하자

★ 여기 계신 분들 옛날 같음 고시패스 하실 분들인 듯~~

★ 꺼지지 않는 불! 옛말에 씨불이라고 하던데^^ 욕 아닙니당~~

뜨거울수록, 오래 지속될수록 쌓이는 게 많아질 거예요.

더 큰 것을 위해서는 버려야 한다

석유는 보통 땅속 깊은 곳에 있는데 무게 때문에 가스가 석유 위에 위치해 있다. 석유시추를 하는 곳을 보면 원유를 확보하기 위해 상층부의 가스를 태워 버린다. 아니, 그 아까운 가스를 왜 그냥 태우는 거야?라고 할지 모르지만 가스를 시추하는 것보다 태워 버리고 원유를 시추하는 것이 경제적이기 때문이다.

더 큰 것을 얻기 위해서는 작은 것을 희생해야 할 때가 있다. 공부를 하기 위해서 책을 사거나, 학원에 다니는 것이 그런 것이다. 적은 돈이라도 주식이나 책을 사는 것에 아까워하지 말자. 그것들이 모여서 당신을 더 큰 부자로 만들어 줄 것이다.

공감댓글

★ 큰 것을 위해 버릴 것은 버려라~~

★ 큰 것을 위해 작은 걸 버려야 하는데 까딱하면 같이 버리니까 조심~~

★ 저도 저의 장건강을 위해 저의 가스를 잘 배출하고 있습니다

 가스가 아깝다고 생각하면 안 되는 거예요.

마음이 즐거우면 온종일 걸어도 지치지 않는다

정말 하고 싶은 일을 하면 시간 가는 줄 모르고 집중하게 된다.
반대로 하기 싫은 일을 하면 1분이 1시간같이 느껴질 것이다.

주식투자로 수익이 나오면 재미있고 즐거울 것이다.
돈 벌어서 배우자를 바꿀 생각에 즐거운 것이든,
든든한 노후자금을 마련하게 되서 즐거운 것이든,
당신이 원하는 목표를 향해서 즐거운 마음으로 투자하라.

공감댓글

★ 같이 걸어 행복합니다~

★ 같은 꿈을 꾸면서 함께 가 보자구요~ 강남 건물주?? ㅎㅎㅎ

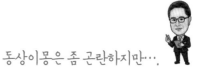

동상이몽은 좀 곤란하지만….

그땐 그랬지

가끔 세상살이가 힘들다고 투정을 하면 나이 든 어르신들은 이렇게 말한다. "요즘은 빨래도 세탁기가 하고, 청소도 청소기가 하고, 밥도 시켜먹고, 뭐가 힘드냐?" "라떼는 말이야 개울물에 얼음깨고 빨래하고 그랬어~"

뭐 맞는 말이기는 하다. 지금 하락장을 만나 힘들어하는 초보자분들이 있다면 나도 이렇게 말하고 싶다. "리먼사태 때는 지수가 하루에 10% 넘게 빠져서 서킷브레이커 걸리고, 하한가가 500개도 넘게 나오고 그랬는데 버티고 살아있으니 다 수익나더라."

지금의 고통스러운 날들은 지나고 보면 다 이야깃거리에 불과하다.

공감댓글

★ 그땐 그랬지~ 하고 이야기할 날이 빨리 오기를~~

★ 나 때는 말이야~ 삽 한 자루 가지고 이 산을 저 산으로 옮겼어~~

 힘든 날은 지나고 보면 이야깃거리에 불과하다.

우기지 마라, 니가 틀렸다! 싸우지 마라, 니가 진다

"엄마~ 내 구두 어디 있어?"

"신발장에 있어."

"아니 신발장에 없으니까 그렇잖아. 또 어디다 둔 거야?"

이 대화의 결말은 엄마가 신발장에서 신발을 찾아내면서 끝이 난다. 찰싹 달라붙는 등짝스매싱은 정신차리라는 엄마의 사랑이었겠지?

분명히 좋은 기업이라고 생각했는데 아닌 경우가 많다. 조금이라도 의심스러우면 다시 확인해 보자. 물론 그래도 안 보이는 경우가 58,000%겠지만….

공감댓글

★ 확인하는 습관, 정말 중요한 듯요! 남편을 한 번 더 확인했어야 했는데…

★ 조명발에 속지 말고 말발에 속지 말고 화장발에 속지 말자~~ㅎㅎ

확실해 보여도 다시 보면 아닐 경우가 많다.

원래는 무슨 색이었을까요?

같은 경제지표를 가지고도 뉴스마다 해석이 다르다. 어떤 뉴스에서는 이만큼이나 좋아졌다고 하고, 어떤 뉴스에서는 이것밖에 좋아지지 않았으니 실망이 크다고 한다.

여기서 생각할 것은 팩트는 하나라는 것이다. 경제지표가 좋아졌다면 그것은 좋아지고 있다는 사실이며, 이만큼 좋아졌든 이거밖에 좋아지지 않았든 더 좋아졌다는 것만 기억하자.

본질을 보는 것은 포장지를 벗겨내야 가능하다.

공감댓글

★ 자세히 보아야 보인다. 눈 크게 뜨고 보기~

★ 내면을 볼 수 있는 힘을 주소서!!

 눈에 보이는 것이 진짜가 아닐 수 있어요.

맛있는 게 너무 많죠?

식탐이 많은 사람은 항상 먹을 것을 찾고 또 많이 먹는다.

그런데 그런 사람도 배가 부르면 더 이상 먹지 못한다.

더 먹으려고 한다면 위든 아래든 비워내고 다시 먹어야 한다.

계좌에 이미 종목이 가득차서 예수금이 바닥났는데 사고 싶은 종목이 생겼
다면?

방법은 두 가지다.

그 종목을 포기하거나 계좌의 종목을 팔아서 사거나….

공감댓글

★ 네~ 먹고 싶은 거 많아유~ 하지만 욕심은 금물!

★ 비우기는 힘들다~ 꼭 먹고 싶은 것만 조금만 먹으면 안 될까요?

먹고 싶은 게 많다구요? 그럼 비워 내세요.

벗어나려면 반드시 통과해야 한다

터널은 위험요소가 많기 때문에 항상 정속주행으로 안전운전을 해야 한다. 작은 사고라도 터널 안이라면 치명적이 될 수 있기 때문이다.

시장이 좋지 않아 계좌가 손실 중일 때에는 상승장일 때보다 훨씬 더 신중해야 한다. 시장이 오를 때는 아무 주식이나 대충 사도 잘 오르겠지만, 조정을 받는 시기에서는 평소보다 더 많이 분석하고 주의해야 하기 때문이다.

공감댓글
★ -40 -30 -20 -10 터널 진입 중, 저는 시키는 대로 가만히 있었습니다
★ 터널이 한없이 길지만 어차피 지나가야 할 길이니 공부한 대로~ㅎㅎ

 터널에서는 원래 안전운전인 거 아시죠?

결과가 있으려면 누적이 있어야 한다

기초가 부실하면 결국 무너지게 된다. 시간이 걸리더라도 차근차근 쌓아올리게 되면 튼튼한 결과물이 나올 것이다.

단기간에 높은 수익을 올리고 싶은 마음은 누구나 같을 것이다.
하지만 그게 쉬웠다면 모두가 부자가 되어 있지 않겠는가?

천리길도 한걸음부터다. 천천히 계좌의 수익을 쌓아올리면 만족할 만한 성과를 올리게 될 것이다.

공감댓글

★ 성투사님 따라 차근차근 쌓아 가요~ 바닥을 잘 다져야죠^^
★ 개집을 튼튼하게 지을 줄 알아야 사람 집도 튼튼하게 짓지!!

차근차근 쌓아올려야 튼튼합니다.

휩쓸리지 않으려면?

밖에 태풍이 몰아칠 때는 집 안에서 머무르는 것이 안전하다.
위험요소는 맞서 싸우지 말고 피해 가는 것이 최선일 때가 훨씬 많다.

투자를 하다 보면 외부변수가 너무 많이 보일 것이다.
본질을 흐리는 가짜 뉴스를 비롯한 온갖 악재들로부터 계좌를 보호하려면 튼튼한 신뢰와 원칙, 긍정적인 마음이 필요하다.

공감댓글

★ 원칙고수! 긍정의 방 성투사님께로 모여~^^

★ 을사5풍을 무찌르자!

★ 성투 편한세상 2층에 세입자입니다 (안전한 곳)

 안전한 곳에 있으면 세상 편안합니다.

어디에 넣을깝쇼?

예쁜 가구를 장만했는데 집 안에 놓을 공간이 마땅치 않다면 어떻게 해야 할까? 필요 없는 가구를 버리고 공간을 만들어야 예쁜 가구를 놓을 수 있을 것이다.

정말 좋은 주식을 발견하여 매수를 하려고 하는데 돈이 없다면 어떻게 해야 할까? 내 계좌 안의 가장 나쁜 주식을 매도하여 현금을 만든 다음 매수하면 될 것이다.

당신의 계좌 안에는 생각보다 많은 현금이 숨어 있다.

공감댓글

★ 배운 대로 청소할게요…ㅠ.ㅠ 근데 넘 어렵네요

★ 청소가 어렵네요. 버리고 후회할까 봐ㅋㅋㅋ

하나씩 청소합시다. 그러면 되는 거죠.

바다 깊은 곳에 보물이…

바닷가 근처의 조개에는 진주가 없다.

이미 사람들이 확인을 했을 것이고, 진주가 있었다면 가져갔을 것이기 때문이다.

사람들이 많이 모이는 주식은 당신에게 좋은 수익을 만들어 주지 못한다. 이미오를 대로 올라서 인기가 절정인 주식은 자신의 적정가치를 넘었을 것이다.

큰 수익은 시세의 처음, 즉 가장 낮은 가격에서 매수했을 때 얻을 수 있다. 그리고 아이러니하게도 낮은 가격에서는 사람들이 매수를 하지 않는다.

공감댓글

★ ㅎㅎ 보물은 깊은 곳에~ 찾기 위해 노력하겠습니다^^

★ ㅎㅎ 씨펄은 깊은 곳~ V 자 심해에 보물이 있죠

 보물은 항상 깊은 곳에….

지금 그거요? 다들 여러 번 겪어 본 거예요

가끔 길을 가다 보면 인상이 좋다면서 햄버거를 사 달라는 사람들을 만날 때가 있다. 그런 일이 처음 있는 사람이라면 친절하게 받아 줄지 모르겠지만 여러번 겪어 본 사람들은 뒤도 돌아보지 않고 제 갈 길을 간다.

투자를 하다 보면 가끔 주가가 급등할 때가 있다. 대부분 좋은 뉴스가 나왔을 때인데 처음 경험하는 사람들은 그 재료가 계속 유지될 것이라는 희망으로 주식을 보유한다. 하지만 여러 번 경험한 사람들은 뉴스에 주가가 오르면 매도버튼을 누른다.

공감댓글
★ 이쁘니까~ 햄버거 하나 사 주고 말만 들어봐도 되죠?? 완죤 호구 ㅋㅋ

조상님께 제사드리는 경험은 안 하는 게 좋아요.

지금 생각하면 슈퍼맨 같죠?

이제 막 태어난 아들이 울고 있으면 초보 아빠였던 나는 너무 난감했었다. 배가 고픈 건지, 어디가 아픈 건지 도대체 알 수가 없었기 때문이다. 아이를 키워 본 부모들은 공감할 것이다. 그런데 지금은 TV 보고 밥 먹으면서도 갓난아이를 잘 돌볼 자신이 있다.

처음에는 모든 것이 어렵고 힘들기 마련이다. 주식투자를 처음 할 때는 어려운 용어들이 많아서 외계어 같았었다. 그런데 시간이 지나고 자주 겪다 보니지금은 내가 그 말을 쓰면서 시황을 설명한다.

공감댓글

★ 처음은 다~ 그래요 ㅋㅋ 지나 봐야 알죠. 주린슈퍼 파이팅!

★ 나도 슈퍼맨 될 수 있겠지? 성투사님 부탁드립니다 ㅎㅎ

 지금은 나도 슈퍼맨!!

돈을 벌려면 지출보다 수입이 많아야 한다

한 달 수입이 400만 원인데 소비를 500만 원이나 한다면 얼마 못 가서 파산할 것이다. 돈을 모으려면 무조건 수입보다 지출이 더 적어야 한다.

주식투자를 할 때 수익을 누적시키려면 수익이 손실보다 커야 한다. 아무리 수익을 많이 올려도 더 큰 손실을 보면 계좌는 망해 버린다.
그런데 다행히도 주식투자에는 엄청난 비밀이 있다. 수익은 무한대지만 손실은 100%가 한계라는 것이다. 그러니 시간이 지날수록 당신의 계좌는 커질 수밖에 없는 것이다.

공감댓글
★ 오늘도 기대됩니다~ 아껴서 1주라도 더 사자~~
★ 주말 알바자리 구하고 있어요. 1주라도 더 사려고요

적게 내리고 많이 오르면 계좌는 수익 나죠.

서두르지 마라, 그렇다고 쉬지는 마라

이제 중학교에 올라가는 아들에게 대학교 수능시험이 6년밖에 안 남았는데 공부하라고 하는 부모와 벼락치기를 하면 된다고 마냥 놀고 있는 아들이 있다면, 당신이 생각하기에 누가 더 잘못된 행동을 하고 있을까?
투자의 손실을 회복하기 위하여 조급한 마음에 급등주만 찾아다니는 사람과 어떻게든 되겠지라고 하면서 그냥 방치해 버리는 사람은 둘 다 성공하지 못한다.
적당한 속도로 적당한 관심을 주는 것, 서두르지도 말고 멈추지도 않는 것, 그것이 바로 수익을 만들어 주는 골디락스 투자다.

공감댓글
★ 꾸준한 공부기회를 알려 주죠. 잘 배우고 있습니다
★ 상체는 우아하게 발은 빠르게 바쁘죠^^ 나는야 백조라네~

 서두르는 것도 멈추는 것도 모두 정답이 아니에요.

누구에게나 계획은 있다

남편들에게 일을 시킬 때는 정확하게 지시를 해 주어야 한다. 예를 들어 10시까지 빨래 좀 널어 주고, 12시까지는 설거지를 하라는 식이다. 그냥 빨래 좀 널고 설거지도 해 달라고만 하면 밤이 되도록 아무것도 하지 않을 것이다.

계획을 세웠다면 실천을 해야 목표에 도달할 수 있다. 그냥 주식투자로 돈을 많이 벌어야지라고 생각한다면 이루어지지 않는다. 구체적으로 1년에 얼마, 1달에 얼마라는 수치를 정해 놓고 그것을 실행하도록 하자.

공감댓글
★ 조정이 되기를 기다리고 있었죠, 우리도 같이 매집하고 가야죠
★ 헉 내 모습이네 ㅋㅋ

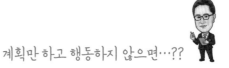

계획만 하고 행동하지 않으면…??

배는 항구에 있을 때 가장 안전하지만
그게 존재 이유는 아니다

배가 가장 안전하게 있을 수 있는 곳은 항구일 것이다.

그런데 그게 배의 존재 이유는 아니다.

원금손실이 두려워서 돈을 안전한 은행에만 넣어둔다면 어떻게 될까? 원금
은 지켜 낼지 모르겠지만 당신은 부자는 될 수 없을 것이다.

투자는 위험한 항해다.

하지만 그와 동시에 수많은 기회를 제공해 준다.

공감댓글

★ 험난한 파도를 넘어서 가즈아~ 희망의 나라로~

★ 바다야~ 덤벼라~잉 이 배는 거북선만큼 튼튼한 성투마도로스

 돈이 안전한 곳은 은행이죠, 하지만 부자는 될 수 없겠죠?

변화의 시작은 얼음 밑을 흐르는 계곡물과 같다

봄이 되는 시기에 계곡에 가면 아직 녹지 않은 얼음밑으로 물이 힘차게 흐르는 것을 볼 수 있다. 겉으로는 겨울같지만 이미 보이지 않는 곳에서 봄이 시작되고 있는 것이다.

시장이 그동안 계속 하락하기만 했다면 이제는 자세히 들여다볼 필요가 있다. 혹시라도 하락하는 시장이 하락폭을 줄이고 있거나 매수세가 유입되고 있다면 곧 상승장이 올 거라는 신호라고 판단하고 매수를 준비해야 한다.

공감댓글

★ 결국은 꽃이 핀다

★ 어제 팔려던 주식이 오늘 7% 상승! 결국 이겨 냈습니다요^^

변화는 보이지 않는 곳에서 시작되는 거죠.

그러니까 맡지 말라고 했잖아요

갑자기 아빠가 방귀를 뀌었다면서 절대 냄새를 맡지 말라고 외친다. 그러자 엄마와 아이들은 "어디? 어디?"를 외치며 코를 킁킁거린다. 그리고는 "아이고 구렁내~ 아주 똥을 싸라~"라고 아빠를 타박한다. 물론 내 이야기가 아니다!

사람들은 마음속에는 청개구리가 있어서인지 호기심이 많아서인지 모르겠지만 경고문구를 꼭 한 번은 무시하려고 한다. 투자위험, 투자경고의 빨간 딱지가 붙은 주식을 더 열렬히 매수하려는 심리는 뭘까?

공감댓글

★ 성투사님이 하지 말라는건 제발 하지 마라~ 호구된다~

★ ㅋㅋㅋㅋ 여기 한 명 쓰러져 사망 직전…

 하지 말라는 것을 꼭 해 봐야 할까요?

배당은 나를 알아본다

횡단보도를 건너는 아이와 아내를 다소 과장되게 보호하는 남자가 있었다. 아내는 그런 우스꽝스러운 남편의 모습이 창피했지만 아이들은 그런 아빠의 모습이 세상에서 가장 믿음직스러웠다.

매년 4월경이 되면 주식계좌에 보너스 같은 돈이 입금이 된다. 바로 배당이다. 고배당주를 사면 주가가 하락해서 손실을 주고 있더라도 배당은 당신을 배신하지 않는다.

공감댓글

★ 배당이 있으니 위로가 됩니다. 긍정의 멘트들도 늘 힘이 됩니다

★ 연말에 찍어주신 배당종목 덕분에 올해는 배당 풍년입니다

★ 배당이 있어서 즐거워요~

그래도 배당이 있으니까 즐겁습니다.

열을 가하고 기다리면 더 큰 보상이 된다

팝콘을 튀길때는 말린 옥수수를 궁중팬에 놓고 뚜껑을 덮은 다음 가열하면 된다. 처음에는 과연 이게 될까?라며 의심하지만 조금만 기다리면 펑! 펑! 하고 옥수수가 팝콘이 되어 튀어다니는 소리가 들릴 것이다.

주식을 처음사면 과연 이게 수익이 날까?라고 하루에 열댓번은 의심할 것이다. 그렇지만 뚜껑을 덮어 놓고 조금만 기다리면 수익이 팝콘처럼 튀어다닐 것이다. 그것도 본래의 덩치보다 훨씬 커진 채로 말이다.

공감댓글

★ 기다리면 큰 보상~~^^ 팝콘 넘 맛있어요

★ 전 너무 열을 가해서 다 태워서 버려요… 적당히 해야 하는데

 기다리면 몇 배 더 큰 보상이 옵니다.

적립식 투자

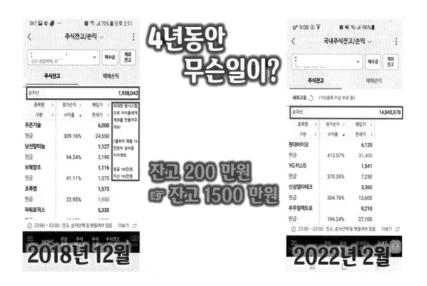

아들이 9살일 때 만들어 준 계좌다. 직접 은행에 가족관계증명서를 지참하고 아들과 함께 가서 만들었는데 많은 우여곡절이 있었지만 지금도 아들의 계좌는 계속 커 가고 있다.

아이들은 우리와 다르게 앞으로 시간이 많다. 그리고 많은 시간은 복리투자의 효과를 더욱 크게 만들어 줄 것이다. 이 계좌를 20년, 아니 30년을 복리로 계속해서 굴린다고 생각해 보자. 그래 봤자 아이는 겨우 30대일 뿐이다.

복리투자는 원금도 함께 불려 나가는 방법을 권장한다. 이른바 적립식 투자인데 원금이 커 가면서 수익률도 함께 커진다. 이렇게 준비한 돈은 아이가 사회로 나갈 때 얼마나 든든한 도움이 되어 주겠는가?

자녀가 없다면 노후준비 자금으로 만들어도 괜찮다. 경제활동을 하지 못하는 시점까지를 투자한계기간으로 설정하면 된다. 지금 40세인 사람이 70세부터 노후를 즐기고 싶다면 30년 동안 계좌를 굴려라.

처음부터 큰 수확은 없다.

조금씩 살을 붙이다 보면 결국에는 어마어마하게 커지는 것이다.

정상에 오르면 힘들었던 것을 잊어버린다

2021년 지리산 천왕봉

지리산은 등산코스가 길어서 보통 새벽에 등산을 시작한다. 필자도 새벽 4시 반에 등산을 시작했는데 올라가는 과정이 정말 힘들었던 것 같다. 올라가면서 계속 "이렇게 힘든 걸 왜 올라가고 있지?"라고 생각했다.

그런데 정상에 도착하자 그동안 힘들었던 것은 다 사라지고 뿌듯한 성취감과 기분 좋은 정복감이 들었다.

지금 하고 있는 투자는 등산의 과정이라고 생각하자. 수익을 보게 되는 그 순간에는 지금의 힘든 마음이 모두 보상받게 될 것이다.

공감댓글

★ 멋져요… 45도 각도 역시 미남이야^^

★ 오머낫~~!! 잘생겼다~~ㅋ

 지나고 보면 모두가 성장하기 위한 과정이었어요.

여러 우물을 파 봐야 내 우물을 찾게 된다

달랑 하나만 우물을 파 보고서 물이 없다고 한다면 곤란하다. 적어도 몇 군데는 더 파 보아야 물이 있는지 없는지를 알 수 있을 것이다.

주식투자를 처음 해 보고 수익이 나지 않아서 실망감에 포기하는 사람들이 있다. 모든 주식투자가 다 수익을 주는 것은 아니다. 하지만 투자에서는 승률이 60%만 되어도 돈을 번다. 한두 번의 손실이 발생했다고 당신의 계좌가 계속 손실일 거라는 생각은 금물이다.

공감댓글

★ 일단 포기하지 말고 파는 것부터 시작해야겠네요

★ 우물파다 석유라도 나오면 대박이쥬^^

★ 땅파기 기술자입죠^^ㅋㅋㅋ 넘 많이 파서…

많이 시도해야 원하는 것을 찾을 수 있다.

넘어졌다면 뭔가를 주워라

넘어졌다면 뭔가라도 주워야 한다는 말이 있다.

넘어진것은 어쩔 수 없으니 그것을 기회로 삼아 얻을 것을 챙기라는 말이다.

주식투자를 하다 보면 주가가 많이 하락하여 속상할 때가 있다.

하지만 달리 생각하면 그만큼 주가가 싸졌다는 것이 아니겠는가?

이미 하락한 주가를 되돌릴 수는 없으니 싼 주식을 매수하는 것은 어떻겠는가?

공감댓글

★ 아주~ 자연스럽게 쓰~~윽

★ 비상금을 보이는 곳에 두면 그게 비상금입니까? 뇌물이지…ㅋㅋㅋㅋ

★ 그러다 탁자에 머리를 박고 갑분 스릴러로…

 기회는 낮은 곳에서 시작된다.

마침내 헤어질 결심

처음에는 정말 잘해 줄 것 같았던 연인이 계속해서 실망스러운 모습만 보인다면 그동안의 정에 이끌려 계속 만나기보다는 과감하게 헤어질 결심을 하는 게 좋다. 증권사 계좌를 사용하는 투자자들 중에는 높은 수수료를 지불하는 사람들이 있다. 그들은 프리미엄 정보를 증권사로부터 제공받거나 그에 준하는 서비스를 받는다. 그런데 혼자 매매하면서 아무런 혜택도 받지 않는 사람이 높은 수수료를 낸다면 지금 당장 헤어질 결심을 해야 한다. 요즘 비대면 계좌의 수수료는 0.01~0.015 정도이다. 만약 증권사로부터 아무런 서비스를 제공받지 않는데 0.2% 이상의 수수료를 지불하고 있다면 지금 당장 수수료가 싼 증권사로 옮겨야 한다. 0.2%라면 1억 원을 거래할 때 수수료로 20만 원을 지불해야 하는 수치이다.

공감댓글

★ 헤어진 지 오래입니다. 성투사님 만나서 ㅎㅎ

★ 애널아 매일 돈 달라고 하니 니 옆에 있겠냐?

이제 결심을 좀 해야지 않겠어요?

뭐가 문제인지를 모른다면?

새로 산 냉장고가 동작을 하지 않아 음식물이 다 상했다는 항의전화를 받고 A/S 기사가 방문했을 때 그는 깜짝 놀랄 수밖에 없었다. 고객이 청소하느라 잠깐 빼놓았던 전원코드를 꽂지 않고 있었던 것이다.

왜 수익이 나지 않는지 생각조차 해 보지 않는다면 발전이 있을 수 없다. 매수가 잘못된 것인지, 악재가 있었던 것인지, 실수한 것은 없는지 꼼꼼히 살펴봐라.

문제는 가장 기본적인 것에서 시작되었을 경우가 많다.

공감댓글

★ 가전은 역쉬~~ 엘사줘~ㅎㅎ

★ 저 정도면 청소기 쓸 자격도 없지!!

 일단 뭐가 문제인지 기본적인 것부터 체크하세요.

주식은 어려운 게 아니었어요

세상에서 제일 더러운 게 무엇이냐는 질문에 화장실 변기를 떠올리는 사람이 많다. 그런데 가끔 뉴스를 보면 "휴대폰, 변기보다 더러워"라거나 "문손잡이, 변기보다 더러워"라고 기사를 쓰고 있다. 그렇다면 뉴스를 빗대어볼 때 세상에서 제일 깨끗한 것은 변기가 아니겠는가?

주식투자로 수익을 내는 것보다 더 어려운 것은 너무나 많다.
생각해 보면 투자보다 어려운 것도 척척 해내는데 주식투자로 수익을 만들지 못할 이유가 없을 것 같다.

공감댓글
★ 하다 보면 깨달음이 오는 날이 오겠죠^^
★ 저는 살 빼기요~ㅎㅎ 주식은 정말 어렵지만 성투사님 있어서 문제없어요

주식이 어려운 것 맞습니까?

계속 올라갈 수 있겠어요?

하늘로 올라가는 풍선은 일정한 고도까지 올라가면 기압차에 의해 터지게 된다. 즉 상승의 한계점이 있다는 이야기다.

이것은 주식에도 그대로 통용이 된다.
계속해서 오르는 주식은 세상에 존재하지 않는다. 한계점에 다다른 주식은 터진 풍선처럼 아래로 곤두박질치게 될 것이다.

공감댓글
★ 풍선 타고 올라가는 건 위험해요. 천천히 걸어서 갈래요
★ 계속 올라가려면 한 번씩 조정받으면서 올라가야죠

 조심하세요. 위쪽에는 풍선을 터뜨릴 바늘이 있어요.

이보게 지금은 상승추세라네

노인의 주식을 관리하던 증권사 직원은 매우 초조했다. 주가가 매일 상승하고 있어서 큰 수익이 났는데 매도하라는 주문이 없기 때문이다. 그에게 노인은 계속 이렇게 말하고 있다. "이보게 지금은 상승추세라네."

조금 수익이 나서 팔아 버렸는데 주가가 더 올라가는 경험은 누구나 있을 것이다. 내가 매도의 원칙을 지켜서 팔아 버렸다면 문제가 없지만 작은 수익을 지키기 위해서 매도를 한 것이라면 두고두고 배가 아플 것이다. 추세가 꺾이기 전에는 매도를 해야 할 이유가 없다.

공감댓글

★ 이런 뼈때리는 말씀을 ㅎㅎ 성투사님은 뇌섹남임이 확실합니다

★ 추세를 보며 저점에서 매수, 점점 더 계속 올라간다네

★ 지금까지 기다려 온 보람없이 상승하단에서 파는 어리석은 짓은 하지 맙시다

올라서 파는 게 아니라 추세가 꺾일 때 파는 거죠.

다시 돌아오지 않는 그녀

철수는 최근 심기가 불편했다. 그와 헤어졌던 연인들이 예전과는 너무나 다른 모습으로 다른 사람들과 사귀는 것을 알았기 때문이다. 그때도 지금 같았다면 절대 헤어지지 않았을 것이라 생각하면서 다시 돌아오라고 해 보지만 그녀들이 철수에게 다시 돌아올 확률은 없을 것 같다.

나 역시 매도한 주식이 올라가면 다시 따라가고 싶은 마음을 이해한다. 하지만 한번 떠나간 연인이 돌아올 리 없고, 돌아온다고 해도 예전같지 않을 것이다. 이미 나를 떠나간 주식은 추격하지 마라. 먹을 것도 없고 자칫하면 더 큰 상처만 받게 될 것이다.

공감댓글

★ 떠난 인연은 뒤돌아보지 말 것. 앞만 보고 갑니다

★ 주식도 아쉽지만 떠나 버린 거에 미련을 싹둑 자르렵니다ㅠ.ㅠ

 이미 떠난 것들은 돌아오지 않아요!!

연애할 땐 내 새끼, 헤어질 땐 개새끼

주식을 처음 살 때는 큰 수익을 줄 거라는 기대감으로 하루 종일 설레인다. 자꾸 들여다보고 싶고 관련 뉴스를 찾아보고 행복해한다. 그런데 생각처럼 잘 풀리지 않아 손실을 보고 팔게 되면 속상한 마음에 망해 버리라는 악담까지 늘어놓게 된다.

여기까지는 괜찮은데 손절도 못 하고 계속 들고 있는 사람들은 기대감과 실망감으로 마음이 복잡하다. 그래서 매일 두 가지 의미로 사용되는 ㅅㅂㄴ이라고 말해 준다.

공감댓글

★ 계속 심쿵 할 수는 없는 건가요? (태풍 부는데 재활용 버리는 남자 ㅡ.ㅡ;;)

★ 내 새끼가 개 새끼가 될 줄이야…

★ 잘하자 남편들이여~ 설거지, 분리수거, 육아, 청소, 빨래 남는 시간에 돈 벌어오고~

아… 남편은 서방님이라는 말이에요. (그렇게 믿어야 해요!!)

주식투자의 잠재력

어린시절 학교에 다닐때 좀 많이 잘사는 집의 아이가 있었다. 그 아이는 가끔 돈에 대해서 이야기할 때 이렇게 말하곤 했다. "우리 집은 자고 일어나면 500만 원씩 돈이 더 늘어나 있어."

그때 그 친구네 집이 어떤 과정을 통해서 돈을 벌고 있는지는 알 수 없다. 하지만 확실한 건 당신도 그런 일이 가능하다는 것이다.

주식은 당신이 자고 있을 때, 쉬고 있을 때, 다른 일을 하고 있을 때에도 묵묵하게 당신의 자산을 불려주고 있기 때문이다.

공감댓글

★ 저도 재력이 쌓이고 있는 건가요? ㅋㅋ

★ 행복한 잠을 자 볼까요? 어쩐지 졸리더라구요 ㅋㅋ

 자 이제 잠을 좀 자 볼까요?

면허 따는 순간 가는 데는 순서 없다

운전을 처음할 때는 실수가 많아 당황스러운 경험을 자주 하게 된다. 그렇지만 정석적으로 안전운전을 했다면 큰 사고도 없고 좋은 경험들이 될 것이다.

주식투자를 처음하면서 대충대충 하려고 하면 안 된다. 항상 신중하게 검토하고 제대로 된 준비를 갖춰서 투자하기 바란다. 초보를 벗어났다고 하여 방심하는 순간이 가장 사고 위험이 높다. 물론 초보가 아니라고 해도 정석투자는 필수다.

공감댓글

★ 정석으로 운전은 똑바로~ 초보 때는 겁없이 다녔는데 ㅎㅎ

★ 이왕 이렇게 된 거 부산 와서 신선한 모듬회랑 시원한 밀면이랑 묵고 가이소

초보때는 항상 정석으로 안전하게 하세요.

그렇게 적당히 하셨어야죠

영화를 보다 보면 "저놈, 저거 또 죽겠구만~" 하는 말이 나올 때가 있다. 그리고 그 대상은 꼭 영화 중간에 죽임을 당한다.

당신은 그 사람이 죽을 것을 어떻게 알았을까?

적당하게 치고 빠지는 것을 할 줄 아는 사람은 큰 위험 없이 꾸준히 성장한다. 그런데 한 탕을 노리는 사람들은 너무 큰 리스크에 노출되고 만다. 그 위험은 당신을 부자로 만들어 주기도 하겠지만 거지로 만들어 주기도 한다. 그리고 부자가 될 확률보다 거지가 될 확률이 훨씬 높다는 것이 중요하다.

공감댓글

★ 욕심이 잉태하면 곧 사망을 만나겠죠? 욕심이 불같이 일어날 때를 조심!

★ 꼭대기 조심, 욕심은 금물~~^^

 적당히 빠집시다요.

달리는 말? 올라탈 수 있으면 해 보든가

달리는 말에 올라타라는 유명한 주식격언이 있다. 오르고 있는 주식을 매수하면 더 올라갈 수 있으니 지금이라도 사라는 말이다. 그런데 궁금한 것이 있다. 당신은 정말로 들판을 질주하고 있는 말 위에 올라탈 수 있는가? 어찌해서 올라탔다고 해도 그 말이 계속 달릴 것이라고 확신할 수 있는가?

달리는 말에 올라타려면 두 가지 모두에 대한 확신이 있어야 한다. 확신하기 어렵다면 이제 곧 달릴 준비가 끝난 말에 올라타는 것이 좋다. 준비를 끝낸 말은 달리는 시늉이라도 해 줄 테니까.

공감댓글

★ 한 방에 골로 갈 확률 99.99999%! 호구가 되지 말자!

★ 헐 달리는 말에 올라탔다가 입원하기 직전이에요

★ 개품 잡고 올라타다 죽어요~~

달리는 말에 어떻게 올라탈 수 있는 거예요?

중요한 것은 꺾이지 않는 추세

추세가 강한 종목들은 단기조정이 몇 번 지나가더라도 꺾이지 않는다. 오히려 조정 이후에 더 강하게 상승하는 경우가 많다.

추세가 강하게 형성되고 있는 주식은 단기조정에서 오히려 추가매수를 하라. 비중이 커지는 리스크가 따라오겠지만 추세가 지속된다면 비중이 커진 만큼 수익이 더 크게 늘어날 것이다. 이것이 바로 추세추종의 매매전략이다.

공감댓글

★ 5번은 올라가야죠. 이익은 극대화~

★ 베이비붐 일어날 거 같애~~ㅋㅋㅋㅋ

★ 아~ 나 징짜~ 성투치킨 종목 읍는뎅~~!! 어쩐지 느낌이 쎄했어 ㅋㅋ

 아직 살아 있으면 끝난 게 아닌 거죠. 물론 상승추세 말이에요.

거짓말 없는 세상에서는...

어릴 적에 우리 동네에는 약장수들이 많이 왔었다. 원숭이를 꺼내 보여 주면서 집에가서 빨리 엄마, 아빠를 모시고 오라고 했다. 그런데 어느 정도 사람들이 모이면 꼭 중요한 이야기를 해야 하니 애들은 가란다. 그들의 진짜 이야기는 너희들은 돈이 안 되니 그만 집에 가라는 거겠지. 약장수는 엄마, 아빠에게 "요강을 박살 낼 수 있는 약"이라며 판매했을 것이다. 그리고 다음 날 아침, 실망한 엄마가 던진 요강이 박살나겠지.

세상에는 당신의 돈을 노리는 사람들이 많다. 그들의 거짓말은 꿀보다 달콤하고 키스보다 설레인다. 하지만 정신 차려 보면 당신의 지갑은 구멍이 나 있을 것이다. 꼼꼼히 살펴보고 손해 보지 않도록 정신줄을 단단히 잡아두자.

공감댓글

★ 거짓말하지 마셈 ㅇㄴㄷ… 또 속지 말자

★ 세상은 어떻게 하든 나를 이용해서 이득을 취하려는 자가 넘쳐 난다는 거죠

거짓말하지 말고 삽시다.

바쁘게 서두르면 실수가 생긴다

가끔 다른 데 정신을 팔다 보면 바나나를 까서 속살은 버리고 껍질을 입으로 가져갈 때가 있다. 곧바로 실수를 깨닫게 되지만 바나나 속살은 이미 쓰레기통에 들어가 있다.

주식초보들이 많이 하는 실수 중에 하나가 매매실수이다. 서두르다 보니 매도해야 할 종목을 매수하거나 추가로 더 사야 하는 종목을 팔아 버리는 경우가 있다.

서두르지 마라. 그렇게 촌각을 다툴 정도로 급한 매매는 없다.

공감댓글

★ 조금만 팔아야지 하다가 몽땅 팔았던… 수수료 날려먹은 기억이 ㅎㅎ

★ 맞아요. 서두르다 물렸어요. 매번 후회… 명심 또 명심할게요

 서두르지 말고 정신 차려!!!!

아무리 급해도 목표를 보고 뛰어라

요즘은 등산지도가 잘되어 있어서 괜찮지만 예전에는 산에서 길을 자주 잃었다. 길을 잘 살피지 않아서 엉뚱한 곳으로 가버린 경우가 있었는데 그럴 때는 다시 되돌아오는 시간과 낭비해 버린 체력 때문에 힘든 산행이 되곤했다.

종목의 방향을 확인하는 것은 매우 중요하다.

추세가 우상향인 종목들은 가격이 조금 내려오더라도 다시 회복되지만 우하향으로 내려가는 종목들은 조금 오르는 듯해도 다시 신저가를 이탈한다.

공감댓글

★ 사슴이 한잔했나 봐요~ 요즘 힘들지? 정신차려~~

★ 사자에게 뛰어가는 영양이 바로 저예요 ㅋㅋ

★ 묻지도 따지지도 않고 삼전 고점에 매수!!

묻지도 따지지도 않고 매수하는 주식
= 사자에게 뛰어가는 사슴

같은 수준끼리 상담금지

어느 날 집에 불이난 것을 발견한 철수는 소방서 전화번호가 기억나지 않았다. 급한 대로 옆에 있던 사람에게 "119가 몇 번이죠?"라고 물었더니 그 사람은 "저도 잘 몰라요. 114에 물어보세요."라고 하는 것이 아닌가?

급하면 갑자기 생각이 나지 않을 수도 있다. 그럴 때면 자신보다 좀 더 나은 사람에게 문의하라. 같은 수준끼리 상담해 봤자 더 나은 결과가 나올 리 없다.

공감댓글
★ 주식으로 열받고 성투사로 빵 터졌네요!
★ 끼리끼리 상담하다 폭망 중…
★ ㅋㅋㅋ 제 짝꿍이랑 대화하는 모습이네요

 원래 상담은 조금이라도 나은 사람과 하는 거예요.

기분이 나쁜 이유

뷔페에 가면 먹고 싶은 것을 마음껏 먹을 수 있다. 그런데 항상 나올 때가 되면 배가 불렀음에도 더 먹지 못한 아쉬움이 남는다.

주식을 잘 매수해서 수익까지 실현했는데 더 올라가면 멘탈이 흔들린다. 분명히 돈을 벌었는데도 기분이 나쁘고 나중에는 화가 난다. 그러지 말자, 당신이 계속 들고 있었다면 그 주식은 갑자기 폭락했을 것이다. 수익 내고 팔았다면 당신은 잘못한 게 없다.

공감댓글

★ 역시 파주 작두도령. 어케 제 생각을 맞추신대요?

★ 심지어 상에서 잠깐 풀렸을 때 움찔하며 판 적도 있어요 ㅋㅋ

★ 정곡을 찌르네요! 팔고 나니 날라가네요! 씁쓸합니다…

수익실현이라면 기분 나빠하지 말고 스스로를 칭찬하세요.

정보의 생성과정

증권가에서는 굿바이라는 말과 엑셀이라는 말을 사용하지 말라는 우스갯소리가 있다. 사라는 의미의 BUY, 팔라는 의미의 SELL로 잘못 해석할 수 있기 때문이다.

설마 그런 일이 있겠어?라는 생각을 하지만 시장에는 어이없는 정보도 많다. 뉴스에 크게 나왔던 폭행사건 이후 파이프 관련 주식이 상한가를 쳤는데 그 이유가 폭행 때 사용했던 쇠파이프가 이 회사 꺼였다나 뭐라나~

공감댓글
★ 기자가 일기를 쓸 때가 있더라구요
★ 카더라~~ 그거 못 쓰겠네^^

 그 이야기가 어디서 어떻게 시작되었는지 제대로 알아야 한다.

생활 속에서 주도주 발견

한때 터닝메카드라는 아이들 장난감이 유행한 적이 있었다. 얼마나 인기가 있었는지 항상 품절이었고 웃돈을 줘도 구할 수가 없었다. 어느 날 대형마트에 소량의 물건이 들어온다는 말을 듣고 아침 8시쯤에 마트로 갔는데 오픈시간이 10시였음에도 불구하고 내 앞에 100명도 넘는 긴 줄이 있었다.

물건을 구매해서 집에 돌아온 나는 살짝 궁금했다. 이 정도로 잘 팔리는 물건이라면 회사실적이 크게 오를 것 같았다. 기업분석을 해 보니 아직 주가에는 반영되지 않은 것 같아 곧바로 매수하였고 바로 손오공이라는 이 기업에 투자하여 100%가 넘는 수익을 올릴 수 있었다. 인기 있는 제품을 만드는 회사를 분석하면 돈이 될 수 있다.

공감댓글

★ 물건 사고 습관적으로 어디 회사 건지 보는 게 습관이 되었어요

★ 성투사님 덕분에 제품 볼 때마다 이 회사 실적 재무 생각하고 있어요

★ 주식보다 백화점 가서 쇼핑하고 싶습니다^^

아내가 가져온 장바구니 속 기업들이 내가 사야 할 주식들이다.

어렵게 풀 거 없다

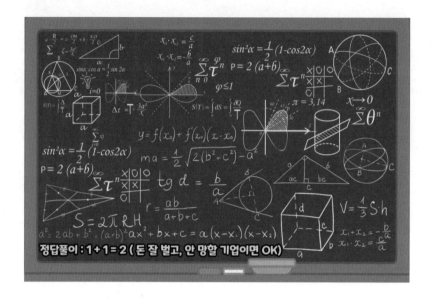

주식을 하려면 숫자에 강해야 한다는 편견이 있다. 사실 옛날에는 모든 것을 수작업으로 계산하고 차트도 모눈종이에 그렸었다. 하지만 지금은 HTS가 모든 것을 다 해 주는 세상이다.

주식투자를 하면서 어렵게 분석하지 말자. 사실 매우 간단한 문제가 아닌가? 돈벌고 있고 망하지 않을 기업이라면 주가가 오르지 않을 이유가 없다.

공감댓글

★ 헉 열심히 적분하고 있었는데 괜히 했네 ㅋㅋ

★ 수학 멈춰~ 성투사님만 보고 컨닝 해

★ 바탕이 탄탄하고 수익내고 있으면 그걸로 끝!!

 주식은 어렵게 하는 거 아닙니다.

대중이 가지 않은 뒤안길에 꽃길이 있다

동해안에 피서를 갔을 때 유명한 해수욕장에 사람들이 꽉 들어차서 정말 난감했었다. 주차조차 하지 못해서 해안가를 따라 쭉 내려가는데 사람도 별로 없고 경치도 좋은 해수욕장이 나오는 것 아닌가?

피서철에 유명하고 이름 있는 곳은 이미 아수라장이다.
주식 역시 유명해져서 당신마저도 알고 있을 정도라면 절대 매수해서는 안 된다. 뒤늦게 들어가 봤자 설거지밖에 더 하겠는가?

공감댓글
★ 시끌시끌한 황무지길보다 조용한 꽃길이 좋으당~^^
★ 아무도 쳐다보지 않을 때 ㅎ

대중을 따라가면 흙먼지, 황무지뿐이다.

기다려라~ 맛있게 익을 때까지

주황색으로 잘 익은 것처럼 보이는 대봉감은 바로 먹으면 매우 떫다.
상자째 사다가 며칠 정도를 잘 놔두면 말랑하면서도 달콤한 홍시가 된다.

괜찮아 보이는 주식도 바로 수익이 나지 않을 때가 많다. 그런 주식들은 매집
이 끝나지 않았거나 아직 오를 때가 안 된 것들이다. 정확한 분석으로 좋은
주식을 샀다면 오를 때까지 기다려 주는 것이 좋다.

공감댓글
★ 감나무 아래 입 벌리고 기다려야지요^^
★ 요즘 내리는 종목 쉽게 손절 안 하고 기다리니 오르네요

 급하다고 서두르지 말고 최적의 때를 기다려라.

좋은 주식을 심었으면 수익을 의심하지 마라

농부는 사과나무를 심어 놓고 고민이 생겼다. 혹시라도 사과나무에서 통닭이 열리면 어떻게 해야 할까 걱정이 된 것이다.

이런 것을 쓸데없는 걱정이라고 한다.
사과나무를 심으면 사과가 열리고, 배나무를 심으면 배가 열린다. 열매의 상품성은 어떨지 모르지만 심은 대로 나는 것은 당연한 것 아닌가?

좋은 주식을 사고서 수익이 나지 않을까 걱정하는 것은 넌센스다.

공감댓글
★ 황금사과 주렁주렁 달릴 것입니다. 성투사님 덕분에요~
★ 사과나무에 새빨간 홍옥이 열렸으면 좋겠어요

사과나무에서 통닭이 열리면 그것 또한 괜찮은데?

모두가 한통속

〈타짜〉라는 영화를 보면 설계자가 호구를 작업하는 것이 나온다. 설계자와 타짜가 모두 한통속으로 짜고 치는 건데도 호구는 끝까지 모른다.

주식시장에도 이러한 짜고 치는 일들이 많다. 가짜 뉴스로 주가를 올려놓고 달려드는 개미들에게 주식을 넘기고 파는 것이다.
그리고 이런 주식은 대부분 저가 부실주에서 많이 나타난다.

공감댓글
★ 잡쏴봐~~!! ㅋㅋㅋㅋ
★ 종합비타민 약 이름은 비아호구~

 한통속에 농축된 깡통의 기운!!

길을 잃은 이유

길을 잃지 않기 위해서 빵으로 표시를 해 놨다던 오빠가 몰빵을 쳐 버렸다.
이제 집으로 어떻게 가야 할까 막막해진 여동생은 울음을 터뜨린다.

안전하면서도 성공적인 수익을 위하여 분산투자는 필수다.
가끔 투자금이 적다는 이유로 한 종목에 몰빵을 하는 경우가 있는데 그렇게
되면 그 주식에 내 투자금이 인질로 잡히는 것과 같다.
주식은 갑이 되고 나는 을이 되는 순간이다.

공감댓글
★ 정신 차리고 보면 몰빵~!! 제발 정신줄을 놓지 않게 해 주소서
★ 소액 분산투자가 답이죠~

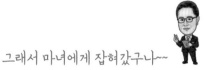

그래서 마녀에게 잡혀갔구나~~

라면을 끓여 줘도 내려라

막차를 타고 집에 가다가 버스에서 내리려고 하는데 어떤 미녀가 나를 붙잡는다. 자기는 종점까지 가야 하는데 같이 가자고 한다. 뭔가 새로운 역사를 기대할지도 모르지만 매우 위험한 일이 될 수도 있다.

주가가 고점에 다다르면 그동안 보이지 않았던 좋은 뉴스가 많아진다. 이쯤에서 팔아야 한다는 신호를 확인하고 있지만 뉴스는 매도를 고민하게 만든다. 그때 매도를 못 한다면 수익이 손실로 바뀌는 경험을 하게 될 것이다. 모두가 그 주식을 찬양하기 시작하면 그때가 바로 매도를 준비할 때이다.

공감댓글

★ 내려야 할 때 못내리고, 더 가야 할 때 미리 내리고… 주생이 8개월차ㅠㅠ

★ 에헴~ 하고 얼른 내려야지요 ㅋㅋ

★ 아리따운 아가씨가 라면까지 끓여 준다면 헤벌레하고 따라갈 듯!

 정말 이상한 건~ 중요한 순간에 꼭 유혹이 있다는 것이다.

아들이 당당한 이유

언젠가 아내에게 동네 아줌마들이 위로의 말을 건넸다는 이야기를 들었다. "그 집 아빠는 아직 회사 안 다녀? 자기가 많이 힘들겠다." 뭐 맨날 샌들에 츄리닝 차림으로 강아지를 데리고 돌아다니니 그럴 만하겠다. 아이도 학교에서 반 아이들이 아빠를 안다면서 말해 주는데 "동네에서 강아지 끌고 돌아다니는 아저씨"로 유명하다고 한다. 재미있는 헤프닝이지만 그래도 이건 알아 두자. 나도 돈은 벌고 있다.

아이들의 꿈을 좋은 대학과 좋은 회사로 찍어내듯 맞추지 말자.

진정한 행복은 경제적 자유가 아니겠는가?

공감댓글

★ 우리 딸에게도 금융지식 꽉 찬 아빠가 되겠습니다~

★ 삼식이도 좋다. 고품격 프리미엄 27살 오빠만 있으면…

부모들이여~ 금융지식으로 무장하라!

주식을 샀더니 배당이 따라왔다

마트에서 구매한 제품들이 유통기한이 지나 먹지도 못하고 버리게 된 일이 있었다. 그 뒤로 나는 제품을 고를 때 유통기한이 길면서 사은품이 있는 제품을 선택한다.

주식은 오랫동안 상승해 주는 것이 좋다. 잠깐 오르고 말 거라면 신경 쓸 것도 많고 변동성도 심하기 때문인데, 자칫 타이밍을 놓치게 되면 손해를 볼 수도 있어 노심초사하기 마련이다. 좋은 주식은 오랫동안 상승하고 배당까지 주는 회사다.

오랫동안 계좌에서 재산을 증식해 줄 배당주는 회사를 매수하자.

공감댓글

★ 요 며칠 배당이 들어오니까 재미있어요 ㅎㅎ

★ 배당도 주고 주가도 오르고 좋지요~~!!

 배당은 뽀나스~~

고수익의 비결

어느 스님이 증권사를 찾아서 계좌의 돈을 현금으로 바꿔 달라고 하였다. 계좌를 들여다본 직원이 5,000%가 넘는 수익률에 깜짝 놀라 비결을 물었더니 "잉? 내가 감옥에 좀 오래 있다 왔더니 이게 이렇게 올랐더라구~"

고수익의 비결은 상승하는 주식을 최대한 오래 가지고 있는 것이다. 사람들은 주식을 보유하면서 너무 자주 들여다보기 때문에 간간히 나타나는 변동성에도 주식을 내다 팔게 된다. 좋은 주식을 샀다면 최대한 오랫동안 보유하도록 해 보자.

공감댓글

★ 저는 그냥 1년 5개월 놔뒀더니 처음으로 배당이라는 것을 받았어요
★ 단기 5년, 장기 7년 청송으로 보내야겠어요. 죄질이 좀 드러버요

고수익의 비결은 쳐다보지 않는 것~

큰 추세는 방향이 쉽게 바뀌지 않는다

덤프트럭과 같이 덩치가 큰 화물차는 급정거를 하더라도 앞으로 많이 밀려간다. 관성의 법칙으로 해석할 수 있는데 주식투자에도 이 법칙을 활용할 수 있다.

대형 우량주의 경우 한번 추세가 형성되면 그 방향을 오랫동안 지속한다. 즉 대형 우량주가 상승추세에 들어가면 오랫동안 오르겠구나 생각하면 되고, 하락추세에 들어가면 오랫동안 내리겠구나 생각하면 되는 것이다.

공감댓글

★ 돈 벌어서 나라에 항공모함 하나 놔드려야겠어요~~ 가즈아

★ 나를 따르라~ 싫은뎅? 안 따라갈겨(투사님 따라갈겨)

 그게 유턴이 되겠냐?

소는 어디에?

농부는 밭을 갈려고 소를 찾았지만 어디에도 소가 보이지 않았다. 한참을 생각한 그는 지난 겨울에 외상빚으로 소를 넘겼다는 것을 기억해 냈다.

빚투는 말 그대로 빚을 내서 투자를 하는 것이다. 당장은 레버리지가 걸려서 수익률이 커질 것 같지만 시장의 변동성에 가장 취약한 것이 빚투이다.

손실이 발생하면 빚의 속도로 원금이 사라지고 어쩔 때는 부채만 남긴다. 그러면 당신이 살고 있는 집을 팔아서 빚을 갚아야 할지도 모른다.

공감댓글
★ 외상은 소도 잡아먹는다
★ 그나저나 집이 좀 팔려야 소를 외상으로 잡아먹지 않을 터인데 ㅋㅋ

빚투하지 마라! 꼭 필요할 때 곤란해진다!

욕심은 화를 부른다

은행강도는 돈을 조금만 더 훔쳐서 달아나고 싶었다. 그런데 그 돈을 챙기는 사이 신고를 받고 출동한 경찰이 은행 앞에 도착한다.

"조금만 더" 하면서 욕심을 내다가는 정말 좋은 기회를 놓칠 수도 있다. 확실한 매도의 신호가 나왔다면 욕심내지 말고 차익실현을 하는 것이 좋은 투자다.

공감댓글

★ ㅎㅎ 어깨에서 팔아야 하는데 욕심부리다 흘러내리면 속상해요 ㅋㅋ

★ 요즘 불경기라 먹은 것도 없어 @@ 제임스 팍팍 올려놓으라고 ㅋ

 욕심날 때는 마음을 조금 내려놓아야 합니다.

목적지만 생각하라

목적지를 향해 잘 가던 버스가 갑자기 고속도로를 나가서 국도로 진입한다. 놀란 승객이 기사에게 이유를 물었더니 기사는 이렇게 대답했다. "고속도로가 사고 때문에 정체가 심해서 국도로 돌아가는 거예요."

투자를 하다 보면 오를 때도 있고 내릴 때도 있다. 그럴 때마다 엉덩이를 들썩거리면서 호들갑 떨 필요는 없다. 어차피 좋은 주식은 목표가격에 도달하게 되어 있다.

공감댓글

★ 버스 타면 멀미가 나서 잠자는데 일어나면 목적지죠
★ 목적지에 잘 도착하기 위한 필수요소는 성투사, 대바늘, 일정액의 현금

어떻게 가든 목적지에 내려줄 겁니다.

응~ 니가 제일 호구야~

이 판에서 누가 호구인지 모르겠다면 당신이 바로 호구다! 나보다 실력이 뛰어난 사람들과 달리기 시합을 하면 패배는 명확한 사실이다. 주식시장 역시 당신보다 더 뛰어난 실력자들과 싸워야 하는 전쟁터다. 살아남기 위해서는 어떻게 해야 할까?

공부를 열심히 해서 실력자가 되거나, 실력자를 따라하거나, 운이 아주 좋거나~

공감댓글

★ 앗! 제 이야기인 듯… 호구 안 되려면 성투사님 손을 꽉 잡아야겠어요
★ 모두가 나를 호구라 부를 때… 나는 아닌디 하면 호구이죠 ㅋ

 누가 호구인지 모르면, 바로 당신이 호구다!

헤어(hair) 나올 수 없는 고민

포수는 고민에 빠졌다. 두 마리의 토끼가 양쪽으로 뛰기 시작했는데 어떤 것을 먼저 잡아야 할까? 그날 헤어(hair) 나올 수 없는 고민에 빠졌던 대머리 포수는 결국 빈손으로 돌아왔다.

투자는 자신에게 잘 맞는 것을 골라야 한다. 단타성향의 투자자가 장기투자를 한다면 속이 터져서 답답증으로 죽을 것이고, 장기투자자가 단기매매를 한다면 머리가 어지러워서 빈혈로 죽을 것이다. 당신은 장기투자자인가? 단기투자자인가? 그것부터 정립하라.

공감댓글

★ 가치주 불토끼 잡을게요! 가즈아 토끼야…

★ 그냥 총 쏘면 1샷 2킬 될 것 같은 각인데…

★ 앗~ 가치주를 먼저 쐈더니 급등주처럼 올라갔다?

아~ 이런이런~ 모발~모발~

거기에는 아무것도 없다

산삼은 사람의 발길이 닿지 않는 곳에 있다. 사람이 많은 곳의 산삼은 누가 되었든 발견하는 즉시 캐내기 때문이다.

주식투자를 하다 보면 돌발 악재 때문에 주가가 급락하는 경우가 있다. 그럴 때 공포에 휩싸여 주식을 매도하지 말고 잘 살펴보기 바란다. 악재가 지나가면 다시 원상복귀, 아니 그 이상으로 올라갈 주식이 있을 것이다.

공감댓글

★ 산삼을 보는 눈을 길러야겠죠. 꼭대기에 걸려 있는 개미~ 위태로워 보여요

★ 산삼을 캐야 하는데 벼랑으로 가면 되는 줄 알고… 허허

★ 여보세요~ 거기는 아무것도 없어요! 위험해요~ 가지 마요!! ㅎㅎ

높으면 위험하기만 할 뿐~ 그래도 경치는 좋겠네~

어떤 생각을 하고 살 것인가?

가끔 주식시장을 너무 부정적으로 생각하는 사람들이 있다. 조심해서 나쁠 것이 없다는 의미로 해석할 수도 있지만 부정적으로 생각하다 보면 결국 주식을 살 수 없을 텐데 수익을 어떻게 볼까?

무조건적인 긍정 역시 좋지 않지만 최소한 부정적인 생각보다는 삶을 윤택하게 한다. 긍정론자들은 언제나 주식시장에서 돈을 벌었지만 부정론자들은 주식을 매수조차 하지 못했다는 것을 반드시 기억하자.

공감댓글

★ 흥한다쥬~ 무조건 고고씽

★ 파주신이시여~ 100배만 먹게 해 주세요. 추앙합니다

당신이 생각하고 있는 것이 이루어진다면?

아침식사로 빵이 나왔다

전날 저녁에 몰빵투자를 고백했던 남편은 다음 날 아침식사가 빵 한덩어리였다. "니가 좋아하는 몰빵 많이 드시고, 디저트는 죽빵이니까 딱 기다려." 아내에게 혼나고 나면 몰빵투자의 습관은 좀 고쳐질 것 같다.

주식투자를 할 때 고려해야 할 요소 중 하나는 리스크다. 몰빵투자는 1개의 종목만을 보유하기 때문에 리스크가 100%이지만 10개로 나누어서 분산하면 종목당 리스크는 10%로 줄어든다. 리스크가 큰 투자보다는 안전하고 오래가는 것이 성공의 비결이다.

공감댓글

★ 몰빵을 먹고 디저트로 죽빵이면 돌아가시겠어요 ㅋㅋㅋ

★ 님아~ 그 강을 건너지 마오 죽빵맞아 옥수수 다 털려요 ㅎㅎ

 아침부터 빵파티~

월척을 잡아낸 낚싯바늘은?

낚시를 하러 갔는데 쭉 뻗은 일자바늘을 쓴다면 고기가 잡힐까? 고기를 잡고 싶다면 걸어서 끌어올릴 수 있는 갈고리를 쓰는 것이 맞다.

주가차트를 보면 일자로 쭉 내려가는 주식을 계속해서 매수하는 사람들이 있다. 하락추세가 계속 진행 중인 그 주식에서는 수익이 절대 나올 수 없을 것이다.

수익을 내고 싶다면 끝이 휘어진 갈고리형 낚시바늘 차트를 찾아라.

공감댓글

★ 낚시 가고 싶네요~ 1번 바늘 가지고…^^

★ 꿰매서 끌고 나와야 하나? ㅋㅋ 갈고리 차트 열심히 찾아야겠네요

갈고리가 없다면 쭉 빠져 버리겠죠?

한 치 앞도 모르면서 예측금지

자신의 앞가림도 못 하면서 남에게 잔소리를 하는 사람들이 있다.

상대방은 앞에서 웃어 줄지 모르지만 뒤로 돌아서서 "뭐야, 지나 똑바로 할 것이지."라고 힐난할 것은 당연한 일이다.

주식투자를 하면서 이제 막 초보티를 좀 벗었다고 남에게 조언하지 말라. 당신의 계좌가 지금 손실 중인데 누구를 걱정하고 있는가?

공감댓글

★ 예측을 함부로 했다가 회사직원들 물리고 어제 다 손절했다네요

★ 전생에 나라를 구했다면 될까? 모르겠네 ㅋㅋ

 일단 앞가림이나 하고 예측을 하든가 하라고요.

어느 것이 너의 것이냐?

더 좋은 도끼를 받고 싶은 생각에 욕심쟁이는 호수에 황금도끼를 던졌다. 황금도끼를 들고 나온 산신령이 "이 도끼가 네 도끼냐?"라고 묻자 욕심쟁이는 격하게 고개를 끄덕였다. 그러자 산신령이 말하기를 "고마웡~" 펑~

상한가나 급등주는 주식초보인 당신이 매수해야 할 주식이 아니다. 좋은 주식을 사놓았는데 상승하는 과정에서 상한가나 급등을 만날 수 있다. 하지만 상한가를 따라가거나 급등주를 따라가면 그들이 돈을 들고 튈 것이다.

공감댓글

★ 뻥치면 알지? 내 망치가 뭐였더라? ㅋㅋㅋ

★ 제 도끼는 물속에 있는 도끼요. 아니야 상한가 도끼인가? 급등주인가?

제 도끼는……,

남의 다리 긁지 마라, 시원할 리가 없다

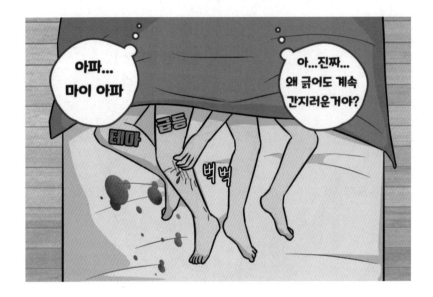

어떤 남자가 잠을 자다가 다리가 간지러워서 긁었는데 도통 시원하지 않았다. 그래서 계속 더 강하게 긁고 있는데 자고 있던 아내가 일어나서 말한다. "내 다리 그만 긁어라. 피난다."

당신이 장기투자자라면 급등주와 테마주를 아무리 건드려도 수익이 나지 않는다. 급등주와 테마주로 수익을 내고 싶다면 단기매매 공부를 새로 시작하라. 물론 그렇게 되면 당신의 모든 시간은 주식투자를 위해서 바쳐야 할 것이다.

공감댓글
★ 다른 곳에서 매수는 비싸게하고 성투사님께 도움받는 제 모습…
★ 그러게요. 남의 다리 소용없어요 ㅎㅎ

 피나게 긁어도 시원하지 않던 이유.

하지 말라는 건 다 이유가 있다

어린아이들은 군것질을 좋아한다. 하지만 매일 달콤한 사탕을 입에 물고 있다면 치과의 VIP 고객이 될 수밖에 없다.

달콤한 수익은 뿌리치기 힘든 유혹이다. 세상에서 제일 재미있는 것이 돈 버는 것이라고 하지 않았던가. 하지만 계속해서 수익을 더 많이 만들기 위해 빚을 내고 몰빵을 하고 급등주를 따라간다면 당신도 깡통이라는 것을 차게 될 수밖에 없을 것이다.

공감댓글

★ 예전에 내가 했던 것들ㅠ.ㅠ 지금이라도 알아서 다행입니다

★ 매수하면 잘 가는 줄 알고 욕심부리다 치과행~ㅋㅋ

★ 이가 숭숭 다 빠져서 어쩐대요

모든 것에는 대가가 따르게 되어 있죠.

참~~ 쉬운 주식투자

주식투자를 조심해야 하는 시기가 있다고 한다.
4월과 5월이다. 그리고 1월부터 3월, 6월부터 12월이다.

주식투자를 할 때 편안했던 적이 있었던가?
시장은 늘 변화한다.
항상 조심하면서 그때그때의 변화에 맞춰 투자를 해야 성공할 수 있다.

공감댓글

★ 버핏옹이 그냥 좋은 주식 사서 오래 가져가는 게 제일 중요하다고 했어요

★ 5월은 힘들고, 1, 2, 3, 4, 6, 7, 8, 9, 10, 11, 12월도 조심?

 주식투자를 하면서 쉬웠던 때가 있었나?

나만의 투자는 나에게 맞는 옷이다

어느 보디빌더 심사장에 빨간색 드레스를 입은 우락부락한 남자가 등장했다. 그리고 그는 복장불량 때문에 빛의 속도로 실격당했다.

자신에게 맞는 투자를 하는 것은 정말 중요하다. 자주 HTS를 들여다볼 수 없는데 단타매매를 한다는 것은 말이 안 되지 않은가? 정말 중요한 순간에 매매를 할 수 없는 상황이 온다면 결과는 손실뿐이다. 당신에게 맞는 투자방법을 찾아라. 그것이 주식시장에서 오래 살아남는 비결이다.

공감댓글

★ 아 볼상스럽다. 복장, 정신상태 불량 실격!

★ 제 모습을… 나 돌아갈래 (성투사님한테)

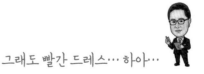

그래도 빨간 드레스… 하아…

높은 데서 굴러떨어지면 바위도 자갈이 된다

개울가에 가면 작고 귀여운 자갈들이 많다.

그런데 그 작고 귀여운 자갈도 원래는 저 산꼭대기 위에 있던 큰 바위였던 것을 알고 있는가?

아무리 단단한 계좌라도 계속해서 하락을 맞다 보면 작게 부스러진다. 하락 패턴 속에서 비중을 늘리거나 추가매수는 절대하면 안 된다. 커지면 커질수록 내려가면서 더 큰 시련을 줄 것이다.

공감댓글

★ 그랬구나. 높은 데서 구르면 많이 아프겠네요

★ 바위 〉 자갈 〉 모래… 결국 먼지가 되어~~ 훨훨~

굴러떨어지다 보니까……

가치를 모르면 고려청자도 개밥그릇

한 역사학자가 시골길을 거닐다 강아지의 밥그릇을 보고 깜짝 놀랐다. 아무리 봐도 고려청자가 분명한데 어찌하여 강아지의 밥그릇이 되었을까?

좋은 기회가 옆에 있어도 알아보지 못하면 아무 소용이 없다.
항상 주변을 살피고 분석해야 한다. 당신이 알지 못하는 사이에 지금도 수많은 기회들이 스쳐 지나가고 있다.

공감댓글
★ 개밥그릇을 고려청자인 줄 알고 사랑에 빠져 모셔두고 있다는…
★ 가치를 알 수 있어야 하는데 어렵네요 ㅎㅎ

잘 모르면 그렇게 된다.

오늘 내리는 비는 영원히 지속되지 않는다

지금 비바람이 몰아치고 있다면 며칠 전부터 날씨가 흐려졌을 가능성이 높다. 그리고 앞으로 며칠간은 날씨가 흐리다가 반짝 해가 나올 것이다.

당신의 계좌에 비바람이 몰아치고 있다면 조만간 흐린 날씨가 되었다가 결국에는 반짝하고 수익이라는 해가 뜰 것이다.

지금 해야 할 일은 그저 날이 개고 해가 뜨기를 기다리는 것이다.

공감댓글

★ 비 오는 날은 잠깐~ 해 뜨는 날이 엄청 많아요^^

★ 쨍!~ 하고 해뜰날 돌아와라~

 지금 비가 온다면 며칠 후에는 해가 뜰 확률이 높다.

아따~ 호구 왔는가?

높은 곳에 오르면 경치가 참 좋다.
하지만 높이 오를수록 내려가야 할 하산길이 길고도 길다.

이미 많이 상승한 주식을 사면 기대감과 설레임이 있을 수 있다. 남들이 다
좋다고 말한 그 주식을 드디어 매수했으니 얼마나 기쁘겠는가?

하지만 정상에서 해야 할 일은 길고 긴 하산길을 내려가는 것뿐이다.

공감댓글
★ 산꾼의 마음에 쏙 박히는 비유입니다 ㅎㅎ
★ 경치 좋다는~ 아직 제정신이 아닌 듯 ㅋㅋ

경치는 참 좋은데~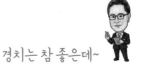

사용폰트

카페24동동, 빙그레체, 여기어때 잘난체, 나눔스퀘어라운드, 함초롬바탕(출처 : 한글과컴퓨터 https://www.hancom.com/cs_center/csDownload.do), 미드아카시아, jtt꼽슬머리R, JTT내가윗층, JTT.도척이, JTT또각또각, JTT복숭아, JTT체크인, TLAB더클래식, 겨울밤,격동, 격동고딕, 곧은부리, 공포체, 교차로플러스 R, 꽃봉오리 B, 누룽지 B, 단끝빵, 대학일기 B, 도마뱀 B, 라임 오렌지 DOT, 라라핸드 STITCH, 로맨스텐실, 마녀의 숲 B, 먹자골목 B, 모비딕 B, 미니버스 D, 미쓰리 B, 발레리노, 생활반장 B, 슈퍼사이즈 BLACK ITALIC, 스톤에이지 R, 아일랜드 B, 액션만화 BASIC, 액션스텐실 NOISY, 역전다방 B, 연필스케치, 젤리튜브 GLOSS, 초코렛트 B, 콧수염 R, 피오피네모, HS 유지체, JTT 칙칙폭폭, JTT 토끼와 거북이 B , 강원교육현옥샘, 경기자원봉사 B, 고도마음, 국수들의 잔치, 넥슨 메이플스토리 B, 넥스 배찌, 독도, 독립, 독립서체 윤동주 별헤는 밤, 독립서체 윤동주 서시, 동해독도 R, 만세, 배달의민족 을지로, 배달의 민족 10년후, 배스킨라빈스, 산돌 삼립호빵 OUTLINE, 상주 경천섬체, 솔뫼 김대건 M, 시네마극장, 얼리폰트 제주돌담, 잘난

주식 그리는 남자 성투사의
STOCK COMICS

ⓒ 성투사, 2023

초판 1쇄 발행 2023년 7월 3일

지은이   성투사
펴낸이   이기봉
편집   좋은땅 편집팀
펴낸곳   도서출판 좋은땅
주소   서울특별시 마포구 양화로12길 26 지월드빌딩 (서교동 395-7)
전화   02)374-8616~7
팩스   02)374-8614
이메일   gworldbook@naver.com
홈페이지   www.g-world.co.kr

ISBN   979-11-388-2010-3 (03320)